그리스도인의 인격

Personality of Christian

배 굉 호 지음

도서출판 영문

Personality of Christian

By
Rev. Goeng-ho Bae (Th.D)

Young Moon Publishing Co.,
Seoul, Korea

인사말

　우리 크리스천의 삶의 목표는 오직 예수 그리스도를 닮아 가는 것입니다. 예수 그리스도를 닮아 간다는 것은 그의 인격을 닮아 가는 것이라 할 수 있습니다. 모든 성도들의 소망은 주 예수 그리스도의 인격을 닮아 우리가 작은 예수가 되는 것입니다.

　예수 그리스도는 산상 설교에서 '너희는 세상의 빛과 소금이 되라' 고 말씀하셨습니다. 크리스천은 이 사명을 감당하기 위해 그리스도의 인격을 가져야 합니다. 그리스도의 인격을 닮아 가는 일은 평생 계속되어야 합니다. 우리는 매일, 그리고 순간마다 그리스도의 인격을 닮아 가는 훈련을 하며 닮아가야 합니다.

　오늘 날 우리 사회가 부패하고 타락할수록 이 사회를 정화시키고 변화시켜 나갈 사람이 필요합니다. 그것은 바로 그리스도의 인격을 닮은 믿음의 사람들입니다. 그런데 사회 각계각층에 많은 크리스천들이 산재해 있으면서도 이 사회를 변화시키지 못하는 것은 무엇 때문입니까? 그것은 그들이 그리스도의 인격을 닮지 못했기 때문입니다. 만약 크리스천의 인격이 그리스도를 닮았다면 분명 그들은 자신이 속한 그곳에서 빛이 되고 소금이 되어 이 사회를 변화시켜나갔을 것입니다. 그렇다면 해답은 이미 나온 것이나 마찬가지입니다. 우리 크리스천의 삶은 그리스도를 닮는 것입니다. 그때 이 땅에 그리스도의 인격을 닮은 작은 예수들로 인하여 이 땅에 하나님의 의와 평강이 이루어질 것입니다.

금번에 발간하는 "그리스도인의 인격"은 설교를 통해 이미 전해진 말씀들입니다. 그러나 항상 하나님의 말씀 교육은 끊임없이 계속적으로 반복해서 가르치는 것입니다. 계속해서 그리스도의 인격을 닮아 가는 삶을 살기 위해서 노력하는데 도움이 되길 바랍니다.

이 책의 편집을 위해 수고한 김상수 강도사님과 공혜숙 전도사님, 그리고 출판위원장과 위원들 모두에게 깊은 감사를 드립니다.

2004년 4월 부활절을 지내고
남천교회에서 배굉호 드림

차례

1. 거짓말을 하지 맙시다(사도행전 5:1-11) … 7

2. 분노를 극복합시다(창세기 4:1-5) … 29

3. 정욕을 다스립시다(사무엘하 11:1-5) … 49

4. 질투를 극복합시다(사무엘상 18:6-14) … 73

5. 탐심을 버립시다(누가복음 12:13-21) … 95

6. 게으름을 부지런함으로(잠언 6:6-11) … 117

7. 겸손한 사람이 됩시다(누가복음 18:9-14) … 141

8. 주는 자의 풍성한 축복 생활(누가복음 6:37-38) … 165

9. 합심하여 기도합시다(마태복음 18:19-20) … 189

10. 산 소망을 가집시다(베드로전서 1:3-7) … 211

11. 무신론자에게 여호와의 피난처를(시편 14:1-7) … 235

P·e·r·s·o·n·a·l·i·t·y·o·f·C·h·r·i·s·t·i·a·n

거짓말을 하지 맙시다

¹아나니아라 하는 사람이 그 아내 삽비라로 더불어 소유를 팔아 ²그 값에서 얼마를 감추매 그 아내도 알더라 얼마를 가져다가 사도들의 발 앞에 두니 ³베드로가 가로되 아나니아야 어찌하여 사단이 네 마음에 가득하여 네가 성령을 속이고 땅값 얼마를 감추었느냐 ⁴땅이 그대로 있을 때에는 네 땅이 아니며 판 후에도 네 임의로 할 수가 없더냐 어찌하여 이 일을 네 마음에 두었느냐 사람에게 거짓말한 것이 아니요 하나님께로다 ⁵아나니아가 이 말을 듣고 엎드러져 혼이 떠나니 이 일을 듣는 사람이 다 크게 두려워하더라 ⁶젊은 사람들이 일어나 시신을 싸서 메고 나가 장사하니라 7세 시간쯤 지나 그 아내가 그 생긴 일을 알지 못하고 들어오니 ⁸베드로가 가로되 그 땅 판 값이 이것뿐이냐 내게 말하라 하니 가로되 예 이뿐이로라 9베드로가 가로되 너희가 어찌 함께 꾀하여 주의 영을 시험하려 하느냐 보라 네 남편을 장사하고 오는 사람들의 발이 문앞에 이르렀으니 또 너를 메어 내가리라 한대 ¹⁰곧 베드로의 발 앞에 엎드러져 혼이 떠나는지라 젊은 사람들이 들어와 죽은 것을 보고 메어다가 그 남편 곁에 장사하니 11온 교회와 이 일을 듣는 사람들이 다 크게 두려워하니라

사도행전 5:1-11

거짓말을 하지 맙시다

어느 날 저녁 왕과 신하들이 뜰을 걷고 있었습니다. 하늘에는 달도 별도 보이지 않는 어두운 밤이었습니다. 왕은 한 신하에게 물었습니다. "여보게, 저 쪽에 떠 있는 별이 보이는가?" "폐하, 잘 보입니다. 유난히 반짝이는군요." 다른 신하에게도 물었습니다. "너무나 잘 보입니다. 영롱하게 빛나는 것이 나라에 경사가 있을 듯하옵니다. "왕은 또다른 신하에게 물었습니다. "폐하, 찬란하기 그지없습니다. "왕은 다시 뒤쳐져 따라 오는 신하에게 물었습니다. "자네 눈에도 저 별이 영롱하고 찬란하게 보이는가?" "폐하, 죄송하옵니다. 제 눈에는 별이 잘 보이지 않습니다." "저 별이 정말 안 보이는가?" "예, 아무리 보아도 별이 보이지 않습니다." 왕은 별이 보이지 않는다고 대답한 신하를 신임하고 그의 조언을 듣곤 했습니다.

지금 우리 시대도 온통 거짓과 아첨과 기만으로 뒤범벅입니다. 정치도 경제도 사회도 온통 거짓과 허위로 치장하고 있습니다. 이 시대는 별이 보이지 않는다고 말할 수 있는 양심세력의 출현이 요청되는 때입니다. 우리는 일상생활을 통해 수많은 거짓말을 대하게 됩니다.

거짓말에 대한 테스트가 있습니다. 첫째, 나는 거짓말을 밥먹듯 한다. 둘째, 나는 종종 거짓말을 하는 편이다. 셋째, 나는 거의 거짓말을 하지 않는다. 그러나 솔직히 어쩔 수 없는 경우에는 할 때도 있다. 넷째, 나는 거짓말은 결코 하지 않는다.
여러분은 이 네 가지 중 어디에 해당되십니까? 첫째, "나는 거짓말을 밥먹듯 한다."에 해당되는 사람이 있다면 이것은 심각한 병입니다. 영적 병원에 입원하여 주님으로부터 치료를 받아야 될 사람입니다. 둘째, "나는 자주 거짓말을 하는 편이다."에 해당되는 사람은 진지하게 회개해야 합니다. 셋째, "나는 거의 거짓말을 하지 않는다." 이 사람은 어쩔 수 없는 경우에는 거짓말을 할 때도 있다는 말입니다. 이 경우는 정직하다고 볼 수 있습니다. 이 세상을 살아가면서 한번도 거짓말을 하지 않는 사람은 없을 것입니다. 그런데 넷째, "나는 결코 거짓말을 하지 않는다."는 말에 대해서는 어떻게 생각하십니까? 이것은 거짓말쟁이의 대표적인 모습입니다.

오늘 본문에도 아나니아와 삽비라 두 부부의 얘기가 나옵니다. 그는 초대교회 예루살렘 교회의 교인들이었습니다. 예루살렘 교회에 헌금을 할 필요가 있었을 때, 이 부부는 가지고 있던 어떤 땅을 팔아서 헌납했습니다. 그런데 땅값의 상당한 부분은 감추어 두고, 그리고 상당한 부분을 헌금하면서 "이것은 우리가 가진 전부"라고 말했습니다. 그들은 마치 전부를 드리는 것처럼 거짓말을 하며 헌납했습니다.

그런데 하나님이 이 사건을 보시고 화가 나서 베드로를 보내어 책망하셨습니다. 그리고 그 부부의 생명을 모두 거두어 가셨다는 사건이 오늘 본문에 기록되어 있습니다. 이 사건을 두고 "하나님이 너무 지나치지 않은가? 물론 이 두 사람이 잘한 것은 아니지만 충분히 있을 수 있는 일이지 않는가? 또 부분적으로 헌금한 것도 사실이지만 그렇다고 두 사람의 생명까지 불러 가신다면 하나님이 너무 잔인하지 않으신가?" 이렇게 생각할 수도 있습니다. 특별히 기독교적 가치관이 반영된 서구 사회와는 달리 한국인의 의식구조로는 이러한 느낌을 받을 가능성이 훨씬 더 많습니다. 왜냐하면 우리 한국 사회에서는 거짓말을 심각한 범죄로 받아들이지 않는 경향이 있기 때문입니다.

지난 번 미국의 클린턴 대통령에게 섹스 스캔들이 한창일 때에 자신의 성 추문에 대한 증언을 하면서 코를 자주 만졌다는 신문기사가 있었습니다. 이 때에 거짓말과 코를 만지는 행동을 두고 「피노키오 신드롬」이라는 신조어를 만들어 내기도 했습니다. 우리는 그 분의 섹스 스캔들에만 커다란 관심을 가졌습니다. 그러나 사실 미국 내에서는 법적으로 문제가 되며 사회의 핫 이슈가 된 핵심은 섹스 스캔들이 아니었습니다. "클린턴 대통령이 위증을 했느냐? 하지 않았느냐? 그리고 거짓말을 했느냐? 하지 않았느냐?"가 더 중요한 핵심 내용이었습니다. 한국에서는 섹스 같은 사건은 커다란 범죄로 생각하지만, 우리가 일상적으로 하는 거짓말에 대해서는 심각한 범죄로 생각하지 않습니다.

그러나 성경은 거짓을 범죄라고 말씀합니다. 그것도 매우 심각한 범죄라고 말씀합니다.

1. 왜 거짓이 죄악입니까?

1) 거짓은 하나님을 속이는 것이기 때문입니다.

"베드로가 가로되 아나니아야 어찌하여 사단이 네 마음에 가득하여 네가 성령을 속이고 땅값 얼마를 감추었느냐 땅이 그대로 있을 때에는 네 땅이 아니며 판 후에도 네 임의로 할 수가 없더냐 어찌하여 이 일을 네 마음에 두었느냐 사람에게 거짓말한 것이 아니요 하나님께로다"(사도행전 5:3-4). 아나니아와 삽비라 부부는 성령을 속였습니다. 하나님의 영을 속인 것입니다. 그리고 하나님께 거짓말을 했습니다. 이것은 죄악입니다. 하나님은 진리의 하나님이시요, 거룩하신 하나님이십니다. 그러므로 하나님은 거짓을 미워하십니다. 하나님은 거짓과는 전혀 어울릴 수 없는 분이십니다.

성경은 말씀합니다. "예수께서 가라사대 내가 곧 길이요 진리요 생명이니 나로 말미암지 않고는 아버지께로 올 자가 없느니라"(요한복음 14:6). 하나님은 바로 진리 그 자체이십니다. "만일 우리가 우리 죄를 자백하면 저는(하나님은) 미쁘시고"(요한일서 1:9). 여기에서 '하나님은 미쁘시다'는 말은 '하나님은 성실하시다', 곧 '하나님은 진실하시다'는 말씀입니다.

"주는 죄악을 기뻐하는 신이 아니시니…거짓말하는 자를 멸하시리이다 여호와께서는 피 흘리기를 즐기고 속이는 자를 싫어하시나이다"(시편 5:4,6)라고 성경은 증거합니다. "한결같지 않은 저울추와 말은 다 여호와께서 미워하시느니라"(잠언 20:10). 여기에서 부정직한 상업윤리를 정죄하고 있음을 볼 수 있습니다. 한결같지 않은 저울추와 말은 다 여호와께서 미워하십니다. 하나님은 일관성이 있으시고 진실하십니다.

우리는 하나님을 속일 수 없습니다. 사람은 속일 수 있으나 어떻게 우리가 하나님을 속일 수 있겠습니까? 모든 것을 다 살피시고 아시는 전지하신 하나님을 거짓말로 속이려 하는 그 자체가 우스운 일입니다. 그런데 우리가 참되고 진실하신 하나님의 자녀라면, 그 하나님의 자녀가 진실하지 못할 때 하나님은 우리의 모습을 어떻게 보시겠습니까?

2) 거짓은 사단으로부터 왔기 때문입니다.

"베드로가 가로되 아나니아야 어찌하여 사단이 네 마음에 가득하여 네가 성령을 속이고 땅값 얼마를 감추었느냐"(사도행전 5:3). 아나니아와 삽비라 부부는 사단이 가득하여 거짓말을 했습니다. 사단의 지배를 받아 거짓말을 하기 때문입니다. 마귀는 항상 하나님을 대적합니다.

이 사단의 이름은 이사야서 14:12절의 말씀처럼 「루시퍼」입니다. 하나님의 피조물인 이 마귀가 자신의 교만으로 지극히 높으신 하나님처럼 되고자 하다가 타락했습니다. 그 후 이 세상의 신으로서 이 세상을 장악하고 있으며, 하나님을 대적하다가 결국 최후를 맞이하게 될 것입니다. 마귀와 그 마귀의 영적 부하인 악한 영들과 더러운 영들이 하는 일들은 세상에 종교를 만들어 사람들을 지옥으로 보내는 짓을 합니다. 철학과 사상으로 세상을 미혹하며, 자살, 자살 충동, 우울한 감정 주입, 음행, 음란하게 만드는 일, 살인, 강도, 절도, 사기, 폭력, 거짓말, 마약, 도박, 우상숭배, 도, 점, 점성술, 마술, 요술, 요가, 뉴에이지, 온갖 사회·문화 분야 등에 침투하여 거룩하신 하나님을 대적합니다. 이 사단은 하나님께서 육신을 입고 이 땅에 오시어 주님의 피로 죄 사함 받은 주 예수 그리스도의 영원하신 구속을 모독합니다. 결국은 예수 그리스도와 주님의 복음과 주님의 피로 거듭나 구원받은 그리스도인들의 몸으로 구성된 영적인 살아있는 유기체인 교회를 대적하도록 사람들을 장악하는 일을 합니다. 사단은 거짓의 아비입니다. 성경은 증거합니다. "너희는 너희 아비 마귀에게서 났으니 너희 아비의 욕심을 너희도 행하고자 하느니라 저는 처음부터 살인한 자요 진리가 그 속에 없으므로 진리에 서지 못하고 거짓을 말할 때마다 제 것으로 말하나니 이는 저가 거짓말쟁이요 거짓의 아비가 되었음이니라"(요한복음 8:44). 마귀는 처음부터 살인한 자입니다. 그 속에 진리가 없고, 진리에 서지 못하고, 거짓말쟁이요, 거짓의 아비가 되었습니다.

아나니아와 삽비라 부부는 그들의 소유를 팔았는데 그 값에서 얼마를 감추었습니다. 그리고 그 중에서 일부만 가져다가 사도들의 발 앞에 두었습니다. 그들이 이렇게까지 성령을 속일 필요가 없었습니다. 차라리 우리가 소유를 팔았는데 다 바치지는 못하고 그 중에서 일부를 주님께 바친다고 솔직하게 말했으면 되었을 것입니다. 재산을 다 바치는 사람이 그렇게 흔하지 않습니다. 재산의 일부만 바쳐도 많이 바치는 것입니다. 차라리 정직하게 말했다면 베드로가 아마 이렇게 말했을 것입니다. "잘 했다. 너희 믿음이 귀하다. 주께서 축복하실 것이다." 그런데 그들은 다른 사람들이 재산을 다 바치고 칭찬

받는 것을 보게 되자, 그들도 다 바쳤다는 칭찬과 명예를 얻고 싶었을 것입니다. 그런데 전 재산을 바치자니 아까운 생각이 들어 그만 거짓말을 하고 말았던 것입니다.

이들은 믿음이 좋았던 사람들이라고 볼 수 있습니다. 그들은 나름대로 은혜를 받았으며 하나님의 교회에 헌금이 필요하다는 것을 알고 소유를 팔아 전부를 다 바치려고 마음을 먹었던 사람들입니다. 이것은 아주 귀한 일입니다. 그런데 전 재산을 다 바치려는 순간 마귀가 유혹하자 탐욕이 생긴 것입니다. 성령이 충만한 하나님의 종 베드로가 그것을 알았습니다. 그리고 그들에게 선포했습니다. "베드로가 가로되 아나니아야 어찌하여 사단이 네 마음에 가득하여 네가 성령을 속이고 땅값 얼마를 감추었느냐"(사도행전 5:3). 지금 아나니아는 거짓의 아비인 사단의 영향력 아래서 거짓된 말과 거짓된 행동을 하고 있습니다. 베드로가 바로 그 점을 지적합니다. 거짓은 사단에게서 나온 것입니다. 아나니아와 삽비라 부부는 누구에게 거짓말을 했습니까? 바로 교회와 교회 지도자에게 거짓말을 한 것입니다. 그러나 그것은 결국 하나님을 향한 범죄입니다. 이 부부는 사단의 시험에 빠져서 거짓말을 하고 말았습니다.

이처럼 사단의 위력은 대단합니다. 오늘날 많은 사람들이 거짓말을 예사로 합니다. 이것은 사단의 지배 아래에 놓였다는 증거입니다. 그러므로 우리는 항상 사단과 싸워야 하고 싸워서 이겨야 합니다. 그런데 우리 힘으로는 강력한 사단을 이길 수가 없습니다. 그러면 어떻게 해야 합니까? 사단과 싸워 이기기 위해서는 항상 하나님의 전신갑주로 무장해야 합니다.

하나님의 전신갑주가 무엇입니까? "마귀의 궤계를 능히 대적하기 위하여 하나님의 전신갑주를 입으라 그런즉 서서 진리로 너희 허리띠를 띠고 의의 흉배를 붙이고 평안의 복음의 예비한 것으로 신을 신고 모든 것 위에 믿음의 방패를 가지고 이로써 능히 악한 자의 모든 화전을 소멸하고 구원의 투구와 성령의 검 곧 하나님의 말씀을 가지라 모든 기도와 간구로 하되 무시로 성령 안에서 기도하고 이를 위하여 깨어 구하기를 항상 힘쓰며 여러 성도를 위하여 구하고"(에베소서 6:11,14-18)라고 성경은 말씀합니다.

우리 모두 하나님의 전신갑주로 무장하여 마귀와의 싸움에서 이김으로 거짓으로부터 자유하는 성도가 됩시다.

3) 거짓은 하나님의 공동체인 교회를 파괴하기 때문입니다.

"온 교회와 이 일을 듣는 사람들이 다 크게 두려워하니라"(사도행전 5:11). 이 사건을 통해서 온 교회가 두려워했습니다. 아나니아와 삽비라 부부가 거짓말을 한 결과 바로 그 자리에서 죽임을 당했습니다. 그러자 이 두 사람으로 인해 온 교회가 큰 충격에 빠지게 되어 하나님의 교회가 어렵게 되었습니다.

"아나니아와 삽비라 부부가 베드로 사도와 교회 앞에 거짓말 조금 했다고 하나님께서 이렇게 목숨을 거두어 가시다니 이것은 심하지 않습니까?" 어떤 사람들은 이렇게 생각할 수도 있습니다.

그러나 하나님은 그의 교회를 향한 계획을 가지고 계셨습니다. 이때의 초대교회는 막 교회의 기초를 놓을 때, 즉 교회가 형성되기 시작할 바로 그 때였습니다. 처음이 중요합니다. 교회가 처음 시작할 때 기초를 잘 놓아야 합니다. 신앙생활도 처음부터 교육을 잘 받아서 바르게 자라야 합니다. 무엇이든지 처음이 중요합니다. 그래서 초대교회가 처음 시작할 때 하나님은 자신이 사랑하시는 교회가 세상의 빛과 소금이 되고, 진실과 진리 위에 세워지기를 기대하신 것은 당연하지 않겠습니까? 그러므로 하나님의 교회 안에 최초로 거짓이 들어왔을 때부터 바르게 잡아야 할 필요성을 아셨다고 보아야 합니다. 그래서 바로 본문의 아나니아와 삽비라 사건이 일어났을 때 엄하게 다스린 것입니다. 거짓말 때문에 부부가 한번에 그것도 그 자리에서 즉사하는 사건은 항상 일어날 수 있는 일은 아닙니다.

솔직히 오늘 날 교회에 다니면서도 거짓말하는 사람들이 한 두 사람이겠습니까? 직분자들이라고 하나님 앞에서 거짓말을 하지 않겠습니까? 분명히 거짓말을 했더라도 하나님은 그 즉시로 심판하시지 않습니다. 만약 즉시로 심판을 하신다면 아마도 이미 상당수가 당했을 가능성이 많습니다. 그러므로 아나니아와 삽비라의 경우는 예외적인 사건이며 모델의 범주에 속한다고 볼 수 있습니다.

그러나 분명한 메시지는 하나님의 교회는 진리와 정직의 터전 위에 세워져야 비로소 세상을 향한 하나님의 복음 선포의 책임을 다할 수 있습니다. 그러므로 하나님은 부정직한 모습으로 하나님과 교회를 속인 부부를 가차없이 다루어 하나님의 공의를 나타내셨습니다. 거짓이 지배하는 공동체는 이미 병든 상태입니다. 그리고 거짓이 지배하는 사회는 부패가 만연한 사회입니다. 이런 사회에서 유일한 희망과 등불은 교회뿐입니다. 그러므로 교회는 깨끗해야 하고 거짓을 멀리해야 합니다. 죄악이 만연한 사회에서 하나님은 그의 교회만이라도 진리와 정직 위에 세워지기를 기대하십니다. 그래서 하나님은 아나니아와 삽비라가 거짓말을 하자 아주 엄중하게 이 사건을 다루셨습니다. 그 목적은 교회의 거룩성을 보존하기 위한 것입니다. 교회에서 거짓을 추방하기 위해서입니다.

이 사건으로 온 교회가 크게 두려워했습니다. 얼마나 큰 충격이었겠습니까? 하나님 앞에서 거짓말 한번 했는데 바로 그 자리에서 죽였습니다. 이 소문이 교회 안에 퍼졌을 때 어떠했겠습니까? 거짓말 한 사람이 그들뿐이겠습니까?

오늘 날 이런 일이 교회 안에 일어난다면 어떻게 되겠습니까? 만약 찬양대원 중에 한 사람이 하나님 앞에서 거짓말을 한 번 했다가 바로 그 생명을 거두어 가신다면 어떻게 되겠습니까? 교회 직분자 가운데 한 사람이 하나님 앞에서 거짓말을 함으로 하나님이 바로 그 생명을 거두어 가신다면 어떻게 되겠습니까? 얼마나 긴장이 되고 두렵겠습니까? 거짓말하는 사람이 한 둘이겠습니까?

그런데 이 사건 이후에 교회가 크게 부흥되었습니다. 부흥의 비결은 거짓을 제거하는 것입니다. 거짓은 하나님의 교회의 부흥을 가로막는 장애물입니다.

우리는 하나님 앞에서 정직해야 합니다. 우리의 거짓과 정직하지 못한 신앙생활 때문에 하나님의 교회가 부흥이 되지 못하고 성장이 멈춘다면 이것은 심각한 일입니다. 우리는 항상 자신을 살펴보아야 합니다. 거짓은 하나님의 교회의 거룩한 공동체를 파괴하는 죄악입니다. 하나님은 교회를 깨끗하게 하셨습니다. 링컨이 한 유명한 말입니다. "거짓은 사람들을 잠시는 속일 수 있을 지 모른다. 그러나 영원히 우리를 속일 수는 없다."

거짓은 반드시 노출됩니다. 거짓은 반드시 드러나게 되어 있습니다. 우리가 거짓에 익숙해지면 사람들은 자기 자신을 향해서 거짓말을 하게 되고 그 거짓말을 믿을 수가 있습니다. 그렇게 되면 그는 거짓말쟁이가 됩니다. 그리고 나중에 이 사람에게 일어날 수 있는 최악의 상태는 자신도 믿을 수 없는 인생을 살게 된다는 것입니다. 이것은 최악의 비극입니다. 자기 자신을 믿을 수가 없는 인생, 자기 파멸의 인생을 살아갈 수밖에 없다는 것입니다. 그렇습니다. 거짓은 자신을 파괴하는 죄악인 동시에 하나님의 거룩한 교회 공동체를 파괴하는 죄악입니다. 그러므로 우리는 교회에서 거짓을 멀리 추방해야 합니다.

2. 그러면 이 거짓을 어떻게 극복할 수 있습니까?

어떻게 이 거짓을 예방할 수 있습니까? 우리가 거짓에 빠졌을 때 빠져 나올 수 있는 방법이 무엇입니까?

1) 사람을 바라보지 말고 항상 하나님을 의식해야 합니다.

우리가 거짓의 죄를 극복하거나 예방하려면 사람보다 하나님을 더 의식해야 합니다. 대부분의 경우 저와 여러분이 거짓말을 하게 될 경우를 분석해 봅시다. 거짓말을 하게 되는 경우는 사람을 의식하기 때문입니다. 사람들은 다른 사람들이 나를 어떻게 생각할지를 의식하여 자기의 체면과 위신 때문에 거짓말을 하게 됩니다. 아나니아와 삽비라는 더 많이 드린 것처럼 보여지고, 자기 희생을 가장하기 위해서 이런 거짓말을 하게 된 것입니다. 그가 하나님만 의식했더라면 이런 거짓말을 할 필요가 없었을 것입니다. "네가 성령을 속이고 땅값 얼마를 감추었느냐… 사람에게 거짓말 한 것이 아니요 하나님께로다"(사도행전 5:3-4)란 말씀은, 그들이 사람은 의식하면서도 하나님은 의식하지 않았다는 증거입니다.

랜드빌트 대학에서 수학을 가르치던 매디슨 새럿 교수는 아주 존경받는 경건한 크리스천 교수였습니다. 이 분은 자기 반에 와서 학생들에게 강의를 시작할 때마다, 그리고 특별히 시험을 치를 때에는 어김없이 똑같은 말로 시작했다고 합니다. "여러분, 여러분은 오늘 시험을 치르게 되었습니다. 시험관은 두 분입니다. 나 매디슨 교수와 함께 하나님이 시험관이십니다. 여러분은 두 분을 다 의식해야 합니다. 그리고 여러분은 두 가지 시험을 치르는 것입니다. 하나는 수학 시험이고 다른 하나는 정직이라는 시험입니다. 여러분은 수학 시험보다도 정직이라는 시험에 패스하는 것을 더 중요하게 생각하셔야 합니다. 왜냐하면 정직한 인생, 이것은 인생 전체를 살아가는 여러분의 중요한 테스트가 되기 때문입니다."

성도 여러분, 우리는 얼마나 하나님을 의식합니까? 우리 자신의 보잘것 없는 자존심과 조그만 실수를 감추기 위해, 그리고 자신을 방어하기 위해 얼마나 많은 거짓말을 했었습니까? 이 거짓은 하나님보다 오직 사람을 의식한 결과입니다. 우리는 하나님의 백성들입니다. 항상 사람들보다 하나님을 의식하여 거짓을 물리치고 좀 더 정직한 생활을 합시다.

2) 거짓말을 하는데 동조하지 말아야 합니다.

'아나니아와 삽비라 두 사람 중에서 만약 한 사람이라도 정직할 수 있었더라면…' 하는 아쉬움이 남습니다. 남편이 부정직할 때 아내만이라도 정직할 수 있었더라면 결과는 달라졌을 것입니다. 그런데 불행히도 남편과 아내가 똑같이 입을 맞추어 거짓말을 하고 있습니다. "베드로가 가로되 너희가 어찌 함께 꾀하여 주의 영을 시험하려 하느냐 보라"(사도행전 5:9). 아나니아와 삽비라 부부는 함께 일을 꾸몄습니다. 하나님을 속이고 거짓말을 하는데 함께 동조했습니다. 이것이 엄청난 비극을 초래하고 말았습니다. 아나니아가 아내 삽비라와 함께 소유를 팔았습니다. 그리고 남편은 하나님께 다 바친다고 해놓고 그 값에서 얼마를 감추었고, 아내는 이 사실을 알았습니다. 그러면 아내는 남편에게 바른말을 했어야 합니다. "여보, 하나님께 다 바친다고 했는데 약속대로 먼저 바칩시다. 우리 정직하게 합시다." 이렇게 했다면 얼마나 좋았겠습니까? 그런데 이 부부는 거짓말을 하는데도 뜻을 모았습니다. 하나님께 거짓말을 하는 일에 환상적인 커플이었습니다. 죄를 짓는 일에 호흡이 잘 맞았습니다. 부부 중에 한 사람이라도 "아니요." 할 수 있어야 했습니다. 어느 한편이 잘못하면 다른 한편은 "그것만은 안됩니다." 하고 바른 말을 할 수 있어야 합니다. 그래야 그 집안이 잘 되고 영이 살 수 있습니다. 부부가 거짓말을 하는데 손발이 척척 맞고, 하나님의 말씀에 불순종하는데 부부가 일사불란하게 움직인다면 그 집안은 하나님의 징계를 피할 수 없게 될 것입니다. 한 사람이라도 "우리 하나님 앞에 정직하게 합시다. 여보, 말씀대로 바르게 합시다." 이렇게 할 수 있어야 합니다. 이것이 사는 길이요, 하나님의 은혜를 받는 길입니다.

성도 여러분, 우리는 거짓말을 하는데 동조하면 안됩니다. 비록 부부가 일심동체라 할지라도 거짓말을 하는 데는 단짝이 되지 말아야 합니다. 우리의 모든 가정이 정직해야 합니다. 그리고 거짓말을 하는데 동조하지 말고 "하나님의 말씀대로 합시다. 정직하게 합시다."라고 바른 말을 할 수 있는 복된 성도, 복된 가정이 되시기를 기원합니다.

3) 거짓을 극복하기 위해 회개해야 합니다.

아나니아와 삽비라가 베드로 사도 앞에 섰을 때 빨리 회개했더라면 결과가 어떻게 되었겠습니까? 비록 집에서는 거짓말을 도모했을지라도 주님의 전에 나와서 주의 종 앞에서 빨리 회개했더라면 그들은 죽임을 면할 수 있었을 것입니다. "베드로가 가로되 아나니아야 어찌하여 사단이 네 마음에 가득하여 네가 성령을 속이고 땅값 얼마를 감추었느냐"(사도행전 5:3). 이때 아나니아가 "제가 하나님 앞에 범죄했습니다. 순간적으로 눈이 어두웠습니다. 제가 잘못했습니다. 회개합니다." 하고 고백을 했더라면 그들은 살았을 것입니다. 그들은 회개할 수 있는 기회를 놓쳤습니다.

그리고 안타까운 것은 그의 아내 삽비라의 경우입니다. "세 시간쯤 지나 그 아내가 그 생긴 일을 알지 못하고 들어오니 베드로가 가로되 그 땅 판 값이 이것뿐이냐 내게 말하라 하니"(사도행전 5:7-8). 이렇게 베드로가 물을 때에 "제가 잘못했습니다. 용서해 주십시오. 제가 눈이 어두웠습니다." 하고 삽비라가 고백했어야 했습니다. 그런데 삽비라는 양심의 음성을 묵인했습니다. 주의 종을 통해 주시는 성령의 음성을 묵인하고 거짓말을 하고 말았습니다. "가로되 예 이뿐이로라"(사도행전 5:8). 삽비라의 이 대답으로 모든 상황은 끝났습니다. 회개할 기회를 놓친 그들에게는 비극이라는 마지막 종말이 기다리고 있었습니다. 회개할 수 있을 때 바로 회개해야 합니다. 회개는 빠를수록 좋습니다. 시간을 지체하지 말고 빨리해야 합니다.

성도 여러분, 우리는 회개할 수 있는 기회를 놓치지 말아야 합니다. 성령이 우리에게 역사하시고 기회를 주실 때 지체말고 돌아서야 합니다. 1907년 평양 대부흥회가 길선주 목사의 인도로 진행되고 있었습니다. 장대현교회에 모인 1,500여 명은 길 목사의 설교에도 변화가 없었습니다. 기도도 터지지 못했고 성령의 은사도 임하지 않았습니다. 그 때에 길 목사는 은혜의 단절은 자신의 탓이라고 깨닫고 외치기 시작했습니다. "저는 아간과 같은 놈이외다. 저 때문에 여러분이 은혜 받지 못했습네다. 언젠가 제 친구 한 사람이 임종하면서 제게 부탁하기를 '나는 이제 죽지만 내 재산을 잘 처리해 주게. 내 아내는 무식해서 아무것도 할 수 없으니 꼭 부탁하네.' 라며 세상을 떠났습네다. 저는 그의 재산을 정리하면서 1백원을 잘라 먹었습네다. 저는 하나님을 속였습네다. 저는 내일 아침 일찍 그 돈을 그 부인에게 돌려주겠습네다." 길 목사의 우렁찬 공개 자복이 터지자 회중석에서는 통회가 일어나기 시작했고, 온 회중이 성령 충만함을 받았습니다.

이 운동이 전국적으로 확산되면서 한국 교회에 대부흥운동이 일어나게 되었습니다. 회개는 사는 길이요, 가장 아름답고 용감한 행위입니다. 이때에 성령강림 사건이 일어나게 되었습니다. 회개는 교회가 사는 길이며 교회가 부흥하는 길입니다. 회개하면 자신도 살고 이웃도 살고 교회도 새로워집니다.

성도 여러분, 회개할 때 거짓을 멀리할 수 있습니다. "제가 잘못했습니다." 하고 회개할 수 있는 사람이 진정으로 용기 있는 사람입니다. "예, 제가 잘못했습니다." 이것이 회개입니다.

회개는 죄를 인정하는 것으로 시작되어야 마땅합니다. 죄를 인정하고 죄에서 떠나야 합니다.

성도 여러분, 우리의 입술에서 거짓말을 떠나 보내야 합니다. 우리의 입술에 진실한 말이 담겨야 합니다. 주 예수 그리스도의 십자가의 피로 모든 죄를 용서받은 우리는 이제 거짓 대신에 진실한 언어를 담아야 합니다. 미움의 언어 대신에 사랑의 언어를 담아야 합니다. 죽음의 언어 대신에 생명의 언어를 담아야 합니다. 이웃들을 중상모략하고, 그리고 파헤치던 언어 대신에 사랑과 생명과 창조의 언어를 담아야 합니다. 그리고 진실한 말, 새로운 언어, 정직한 말, 거룩한 언어를 담고, 그리고 이 언어 속에 복음을 담아 예수 그리스도의 복음을 말하는 사람이 되어야 합니다. 사람을 살리는 복음의 말씀을 담아야 하고 외쳐야 합니다. 우리의 입술에 오직 예수, 예수 사랑, 십자가, 부활, 천국, 영생, 소망이 담겨져야 합니다. 그리고 예수 안에서 감사가 흘러나와야 합니다.

사랑하는 성도 여러분! 우리는 거짓이 유행하고, 거짓이 충만한 사회 속에 살아가는 주의 백성들입니다. 우리는 하나님의 백성으로 거짓말을 멀리하고 정직한 삶을 살아야 합니다. 사람만 의식하지 말고 항상 하나님을 의식하며 살아야 합니다. 그리고 범죄하는 일에 결코 동조해서는 안됩니다. 그리고 지체 없이 회개해야 합니다. 이것이 사는 길입니다. 우리 모두 주님 앞에서 성령 충만을 받아 우리의 입술에는 항상 진리가 담겨져 있고, 자연스럽게 거룩한 단어와 사람의 영혼을 살리는 생명의 말씀과, 사랑의 언어가 끊임없이 흘러나오는 성도가 되도록 기도합시다. 아멘.

분노를 극복합시다

¹아담이 그 아내 하와와 동침하매 하와가 잉태하여 가인을 낳고 이르되 내가 여호와로 말미암아 득남하였다 하니라 ²그가 또 가인의 아우 아벨을 낳았는데 아벨은 양치는 자이었고 가인은 농사하는 자이었더라 ³세월이 지난 후에 가인은 땅의 소산으로 제물을 삼아 여호와께 드렸고 ⁴아벨은 자기도 양의 첫 새끼와 그 기름으로 드렸더니 여호와께서 아벨과 그 제물은 열납하셨으나 ⁵가인과 그 제물은 열납하지 아니하신지라 가인이 심히 분하여 안색이 변하니

창세기 4:1-5

분노를 극복합시다

이태리의 유명한 지휘자 토스카니니는 혈기를 부리는 것으로 유명했다고 합니다. 그는 화가 나면 음악가들에게 귀중한 악보를 마구 던졌습니다. 어느 날 도서관 사서가 유심히 관찰해 보았습니다. 그런데 토스카니니는 화가 나면 먼저 지휘봉을 두 손으로 부러뜨리고, 그것이 잘 안될 때에는 악보를 던지는 것을 발견했습니다. 그리고 일단 지휘봉이 부러지면 제자리로 돌아와 리허설을 계속한다는 것입니다. 그래서 귀한 악보를 망가뜨리지 않고 혈기를 해결하는 길을 찾아냈습니다. 그것은 리허설을 할 때 쉽게 부러지는 지휘봉들을 많이 준비해 두는 것입니다. 분노는 자연스러운 인간의 감정입니다. 아마 분노하지 않는 사람은 아무도 없을 것입니다. 그러나 분명한 것은 분노가 다스려지지 못하고 통제되지 못할 때에는 죄악이 될 가능성은 언제나 있습니다.

오늘 본문에는 분노를 극복하지 못한 결과 초래했던 범죄 사건이 기록되었습니다. 바로 가인의 분노로 동생 아벨을 죽인 인류 최초의 살인 사건입니다. 가인은 하나님이 자신의 제물은 받지 않으시고 동생 아벨의 제물만 받으시는 것을 보자 분노하여 동생을 살해하는 무서운 죄악을 범하고 말았습니다. 그는 역사에 두고두고 최초의 살인자로 기록되고 있습니다. 우리는 모두가 분노하며 살아가고 있습니다. 세상에는 우리를 분노하게 하는 일들이 너무도 많습니다. 그러나 하나님의 백성인 기독교인의 인격은 분노를 다스리고 극복하는데 있습니다. 분노를 다스리지 못하면 비극과 파멸이 오게 되고 결국 실패하고 맙니다. 반면 분노를 극복하는 사람에게는 많은 유익이 있고 성숙한 인격자로 살아가게 됩니다. 분노는 자연스러운 인간의 감정입니다. 분노하지 않는 사람은 아무도 없을 것입니다.

1. 분노의 원인이 무엇입니까?

오늘 본문에 나오는 가인과 아벨은 아담과 하와 사이에 태어난 자녀들 중에 대표격으로 기록되어 있습니다. 아담과 하와가 가인과 아벨 두 명만 낳은 것은 아닙니다. 아담과 하와에게는 많은 자녀들이 있었지만 본문에서는 두 사람은 구속사를 설명하기 위해 필요한 사람들이므로 대표격으로 등장하고 있습니다.

1) 한 마디로 불신앙 때문입니다.

가인은 농사하는 자였고, 아벨은 양치는 자였습니다. 그런데 문제의 발단은 그들이 드린 제물에 있습니다. 두 사람이 하나님께 제물을 드렸습니다. "세월이 지난 후에 가인은 땅의 소산으로 제물을 삼아 여호와께 드렸고 아벨은 자기도 양의 첫 새끼와 그 기름으로 드렸더니 여호와께서 아벨과 그 제물은 열납하셨으나 가인과 그 제물은 열납하지 아니하신지라"(창세기 4:3-5). 하나님께서 아벨의 제물은 받으셨는데 가인의 제물은 거부하시자 가인이 심히 분하여 안색이 변했습니다. 가인이 드린 제물은 땅의 소산으로 열매와 각종 수확물이었습니다. 반면 아벨이 바친 제물은 무엇입니까? 아벨은 양의 첫 새끼와 그 기름으로 드렸습니다. 첫 소산은 가장 귀한 것을 구별하여 드렸다는 말이요, 희생제물은 장차 인류를 구속하러 산 제물이 되신 예수 그리스도를 예표합니다. 그런데 아벨의 제물은 열납하셨습니다. '열납하다' 는 말은 'שעה' (샤아)로 '주목하다', '존경하다' 는 뜻입니다. 즉 주목할만한 가치가 있는 제물이므로 하나님이 기쁘게 받아들이셨다는 말입니다.

여기서 하나님께 드리는 제물은 하나님이 주목하시는 것, 기쁘게 받아들이시는 것이 되어야 함을 보여줍니다. 제물은 하나님께서 어떻게 보시느냐에 초점을 맞추어 드려야 합니다. 그런데 가인의 제물은 열납하지 않으셨습니다. 이것은 쳐다보지도 아니하셨다는 뜻입니다. 가인의 제물에 대해서는 관심조차 기울이지 않으셨다는 말씀입니다.

성경에서는 이 상황을 상세하게 기록하지 않았습니다. 그러나 아마 하나님이 아벨과 가인의 제물을 보시고 갈멜산에서 엘리야의 제단에 불을 내리셨듯이 불이 떨어져 아벨의 제물은 다 태우시고, 가인의 제물은 그냥 그대로 내버려두셨을 것으로 보입니다. 이때 가인의 안색이 변했습니다. '안색이 변하다' (יפלו פניו, 이플루 파나우)는 말은 '얼굴을 강타하다'는 뜻으로, 극심한 분노나 불만으로 근육이 경직된 것을 의미합니다. 분노는 얼굴에 나타납니다. 극심한 분노는 자제하기 어렵습니다. 지금 가인이 극심한 분노로 안색이 변했습니다.

그러면 왜 하나님께서 가인의 제물을 받지 않으셨습니까? 그것은 그의 불신앙 때문입니다. 아벨은 믿음으로 드렸기 때문에 열납하셨습니다. 성경은 증거합니다. "믿음으로 아벨은 가인보다 더 나은 제사를 하나님께 드림으로 의로운 자라 하시는 증거를 얻었으니 하나님이 그 예물에 대하여 증거 하심이라 저가 죽었으나 그 믿음으로써 오히려 말하느니라"(히브리서 11:4). 아벨은 믿음으로 하나님께 제사를 드렸으나 가인은 불신앙으로 드렸습니다. 그러자 가인이 안색이 변하며 분노하여 결국 동생을 죽이는 자리에까지 이르고 맙니다. 이 분노는 어디서 왔습니까? 바로 불신앙에서 왔습니다. 아벨은 하나님 앞에 제사를 드릴 때 깊은 죄의식을 가지고 마음을 다하여 드렸습니다. 하나님은 마음을 다하여 드리는 그 믿음을 보시고 받아주셨습니다.

하나님은 우리가 하나님께 드리는 헌금도 드리는 자의 마음을 보고 받아주십니다. 하나님은 헌금의 액수가 많고 적음에 따라서 받으시는 것이 아닙니다. 하나님은 제물 그 자체에 따라 받으시지 않습니다. 제물을 바치는 자의 마음을 보시고 결정하십니다. 가인은 불신앙의 사람이었으므로 하나님께 믿음으로 바치지 않았습니다. 가인은 자신이 죄인이었음에도 자신의 잘못을 인정하지 않은 사람입니다. 하나님께서 동생의 제물은 받으시고 자신의 것은 받지 않으셨을 때 그는 깨달아야 했습니다. 그러나 그는 자존심이 상하여 시기와 질투로 분노하기 시작했습니다. 결국 살인에까지 이르렀습니다. 다 불신앙에서 나왔습니다. 분노의 원인은 불신앙입니다. 동생 아벨을 죽인 후 그의 행동을 보면 원래 가인은 악한 자요 불신앙의 사람이었음을 알 수 있습니다.

"여호와께서 가인에게 이르시되 네 아우 아벨이 어디 있느냐 그가 가로되 내가 알지 못하나이다 내가 내 아우를 지키는 자니이까"(창세기 4:9). 모든 것을 다 보시고 알고 계시는 하나님께 모르는 척하고 달려들었습니다. 어떻게 하나님께 달려들 수 있습니까? 자신이 동생을 살인한 것을 다 알고 계시는 하나님 앞에 거짓말을 하며 모르는 척합니다. 이 원인이 어디서 왔습니까? 물론 불신앙에서 왔습니다. 하나님을 온전히 믿지 못하는 사람은 제 마음대로 말하고 분노합니다. 지금 하나님께서 나의 마음을 살피신다는 것을 온전히 믿는 사람은 분노할 수 없습니다. 하나님께서 지금 내 말을 듣고 계신다는 것을 바로 알면 거짓말을 할 수 없습니다. 가인은 하나님을 믿는 믿음이 없었기 때문에 그의 제물이 열납되지 못했습니다. 그리고 동생을 향하여 안색이 변하고 분노하여 살인을 하게 되었습니다.

성도 여러분, 분노는 불신앙에서 옵니다. 하나님에 대한 의식을 늘 가지고 믿음으로 사는 사람은 분노할 수 없습니다. 분노가 일어날 때 하나님께서 보고 계신다는 것을 기억합시다. 그리고 과연 이 분노가 옳은 것인가를 생각합시다. 'CORAM DEO' 하나님 앞에서 사는 사람은 안색이 변할 정도로 분노할 수 없습니다. 하나님을 진정으로 사랑하고 믿는 사람, 하나님 앞에서 사는 사람은 분노의 포로가 될 수 없습니다. 우리는 하나님 앞에서 사는 신앙인입니다. 분노는 하나님을 불신앙 하는데서 폭발됩니다.

2) 죄의 소원을 다스리지 못했기 때문입니다.

가인이 왜 화를 냈습니까? "여호와께서 가인에게 이르시되 네가 분하여 함은 어쩜이며 안색이 변함은 어쩜이뇨 네가 선을 행하면 어찌 낯을 들지 못하겠느냐 선을 행치 아니하면 죄가 문에 엎드리느니라 죄의 소원은 네게 있으나 너는 죄를 다스릴지니라"(창세기 4:6-7). 가인의 분노는 죄의 소원을 다스리지 못했기 때문에 왔습니다. 오늘 말씀의 '죄의 소원은 네게 있으나' 란 '죄가 너를 향하여 기를 쓰고 달려들려 하나' 라는 뜻입니다. 죄는 삼킬만한 것이 있으면 마치 우는 사자처럼 즉시로 달려듭니다. 죄는 인정사정 없이 달려듭니다. 방심하면 죄에게 먹히고 맙니다. '너는 죄를 다스릴지니라' 는 말은 '외부로부터 찾아든 죄의 유혹뿐만 아니라 자신의 내부에서 일어나는 죄의 욕망도 물리치고 이겨내라.' 는 뜻입니다. 우리 사람은 본능적으로 성을 내고 화를 낼 수밖에 없는 존재들입니다. 어쩔 수 없습니다. 인간이기 때문에 분노하는 감정을 가지지 않을 수 없습니다. 문제는 그 감정이 일어날 때 그것이 구체적인 죄악으로 발전하지 못하도록 미리 차단시켜야 합니다. 미리 예방을 해야된다는 말입니다. 분노하는 감정은 자연스럽게 죄악의 소원을 일으킵니다.

사람이 화가 나면 어떻게 됩니까? 우리는 가정이나 길에서도, 직장이나 모임에서도 화가 날 때가 많습니다. 양 사방에 수두룩합니다. 친구를 한 대 치고 싶을 것입니다. 아이들도 아내도 한 대 때리고 싶을 때가 있을 것이고, 남편도 한 대 치고 싶을 때도 있을 것입니다. 이것이 죄악의 소원입니다. 그런데 그렇게 할 수 없습니다. 저도 운전을 하지만 교통 위반을 지나치게 하는 사람들을 보면 화가 치밀어 오릅니다. 깜짝 놀라게 하는 무례한 운전자들이 한 둘이 아닙니다. 그때 '빵빵' 하고는 "여보시오. 똑 바로 운전하시오.", 아니면 "운전을 어떻게 배웠어?" 이렇게 소리지르고 싶을 때가 있습니다.

평양에서 월남하신 서울의 어느 목사님의 이야기입니다. 운전하며 가는데 갑자기 차가 끼어 들어 추돌할 뻔했습니다. 너무 놀라고 화가 나서 차를 멈추었습니다. 그리고 문을 열고 그 운전기사를 향해서 "야, 이 ××야. 운전 똑바로 못해?" 하고 소리쳤습니다. 그랬더니 그 운전기사가 차에서 내려 다가왔습니다. 일촉즉발 충돌이 일어나는가 싶었는데 목사님을 향해서 "목사님, 안녕하십니까?" 하고 인사를 하더랍니다. 이렇게 되면 목사님의 입장이 곤란해집니다. 신분이 들켰습니다. "아니, 나를 아십니까?" "예, 저는 목사님 교회의 집사입니다." 그 다음은 여러분의 상상에 맡기겠습니다.

우리는 죄악의 소원을 늘 직면하게 됩니다. 그러나 죄악의 행동으로 발전하지 못하도록 차단시켜야 합니다. 여기에서 많은 사람들이 실패합니다. 그래서 분노의 죄악을 범하게 됩니다. 가인이 바로 여기에서 실패한 것입니다.

성도 여러분, 우리는 죄악의 소원을 다스려야 합니다. 이것을 다스리지 못할 때 죄악으로 발전해 갑니다. 사도 바울은 우리에게 권면합니다. "분을 내어도 죄를 짓지 말며 해가 지도록 분을 품지 말고 마귀로 틈을 타지 못하게 하라"(에베소서 4:26-27). 여기에서 분과 죄를 구별하고 있습니다. 우리는 분노하는 감정이 일어나는 것은 막을 수 없습니다. 분노는 하나님께서 이해하실 것이라는 말입니다. 그러나 죄를 짓지 말라, 즉 계속해서 해가 질 때까지 분을 품지 말라고 말씀하셨습니다. 여기서 말씀하는 핵심은 바로 죄를 다스리고 통제하라는 말입니다. 인간은 본능적으로 분노하는 감정이 생기고, 또 죄악의 소원까지도 생길 수 있습니다. 그러나 그 순간에 중요한 것은 통제하는 것입니다. 우리는 죄를 통제해야 됩니다. 그런데 문제는 통제가 잘 안 된다는데 있습니다. 왜냐하면 우리는 모두 다 연약한 죄인이기 때문입니다. 우리 힘으로는 할 수 없습니다. 그러므로 우리는 하나님의 도움을 받아야 합니다.

2. 그러면 분노를 어떻게 극복할 수 있습니까?

1) 먼저 항상 원인을 자기 자신에게서 찾아야 합니다.

왜 분노가 일어납니까? 분노의 원인을 자신에게서 찾아야 합니다. 대부분 우리는 화가 나게 되면 나를 화나게 만든 사람을 생각하게 됩니다. 분노의 원인을 바깥에서 찾습니다. 아내를 원망하고, 남편을 원망하고, 이웃을 원망하게 됩니다. 본문에서 분노를 발했던 가인도 자신은 돌아보지 않고 오히려 동생 아벨과 하나님께만 화를 내고 있습니다. 자신의 불신앙과 악함은 돌아보지 않고 동생을 원망하며 분노하여 얼굴색이 변했습니다. 그리고 하나님께 대항합니다. "하나님, 왜 내 제사와 제물은 거부했습니까? 왜 동생의 것만 받으셨나요?" 이것은 바깥을 향해 분노하는 행동입니다. "하나님은 왜 내 제물은 받지 않으셨을까? 혹시 내가 잘못한 것은 없을까? 무엇이 부족했는가? 내가 실수한 것은 없었을까? 동생과 비교해서 무엇이 달랐을까? 동생은 최선을 다해서 최고의 아주 아름다운 첫 새끼를 하나님 앞에 드렸으나 나는 정성이 부족했어. 내가 잘못 드렸구나! 다시 해야지." 이렇게 생각했더라면 분노가 가라앉을 수 있었을 것입니다. 그러나 그는 문제를 자신에게서 찾지 않고 다른 사람에게서 찾았으며, 동생을 원망하며 하나님께 대항했습니다. 이것이 비극의 시작이었습니다.

성도 여러분, 우리에게서 분노가 끓어오를 때 먼저 자신에게서 원인을 찾아야 합니다. 이것이 지혜로운 자의 자세입니다. 그리고 "하나님, 내가 무엇을 어떻게 잘못했습니까? 하나님, 저에게 무엇을 가르치기를 원하십니까? 저의 부족한 점이 무엇입니까?" 하고 물어야 합니다. 이때 우리는 분노를 다스릴 수 있는 사람으로 성숙해 갈 수 있습니다.

미국의 부흥사인 D.L. 무디가 미국 중서부의 한 도시에 가서 큰 전도대회를 열게 되었습니다. 그는 집회가 있기 며칠 전에 도착했습니다. 그가 아침에 일어나 조간을 보니 기막힌 기사가 실렸습니다. 헤드라인 타이틀에는 '교만한 전도자 무디'라고 적혀 있었습니다. 이런 기사가 실리게 된 것은 무디가 바쁘기도 하고, 여러 가지 상황 때문에 기자들과의 인터뷰를 거절했기 때문입니다. 그러자 인터뷰를 요청했던 기자들이 화가 나서 '교만한 전도자 무디'라고 혹평을 한 것입니다. 이 기사를 본 무디의 참모들이 화가 나서 무디를 향해서 말했습니다. "이럴 수가 있습니까? 이런 신문 기사가 났습니다". 그런데 놀랍게도 무디는 껄껄껄 웃었습니다. 그리고 하는 말이 "이 사람들 사람을 잘못 봤구먼! 나는 이 신문기사에 난 것보다 훨씬 더 악해. 나는 훨씬 더 교만하다고. 이 정도면 잘 썼구먼." 그리고 이렇게 말했습니다. "하나님이 우리에게 더 겸손하라는 신호야. 우리 더 기도하자."

역시 그는 대단한 사람입니다. 위대한 신앙인이라고 할 수 있습니다. 이렇게 되자 모두가 그를 존경하지 않을 수 없었습니다. 우리 같으면 어떻게 하겠습니까? 여러분은 이렇게 할 자신이 있습니까?

성도 여러분, 우리는 이런 자세를 배워야 합니다. 문제의 원인을 항상 우리 자신에게서 찾는 것을 배우는 성도가 되어, 매일 같이 찾아오는 분노를 다스리고 통제하는 기독교인의 인격을 만들어 갑시다.

2) 사랑으로 해소하는 법을 배워야 합니다.

분노의 감정을 그대로 두면 병이 됩니다. 억제한다고 분노가 해소되는 것이 아닙니다. 분노는 억제하면 우울증이란 병이 됩니다. 심리학자들은 우리가 깊은 마음속의 분노를 적극적이며 창조적으로 표현하지 못하고 그것을 축적해 두면 병이 된다고 지적합니다. 그러면 어떻게 해소해야 합니까? 많은 의사와 상담가들에 의하면 분노는 즉각 떨어버리는 것이 정신건강에 좋다고 말합니다. 그러나 폭탄은 터지게 되면 반드시 어떤 결과가 발생합니다. 상한 감정, 깨어진 애정, 불신감, 실망감 등으로 흔적이 남게 됩니다. 폭발하고 터뜨리면 순간적으로는 기분이 통쾌할지 모릅니다. 그러나 그것이 또 상처가 되고 평생 후회할 일들로 남게 됩니다. 그렇게 되면 깨어지고 금이 간 관계를 회복하는데는 너무나 많은 노력이 듭니다.

그러면 분노를 해결하는 방법은 무엇입니까? 사랑으로 분노를 해소하는 것입니다. 예수님은 산상설교에서 말씀하셨습니다. "그러므로 예물을 제단에 드리다가 거기서 네 형제에게 원망 들을만한 일이 있는 줄 생각나거든 예물을 제단 앞에 두고 먼저 가서 형제와 화목하고 그 후에 와서 예물을 드리라"(마태복음 5:23-24). 사랑의 마음으로 관계를 회복하려면 먼저 찾아가야 한다는 말입니다. 단 둘이 만난 후 화해를 시작하는 첫 단계는 입으로 그 관계를 시인하는 것입니다. 두 사람의 긴장감, 분노, 적대감을 해결하기 위해서는 직접 대면하는 것이 필요합니다. 먼저 화해의 손을 내미는 사람이 좀 더 주님을 사랑하는 사람입니다. 예수님은 말씀하십니다. "새 계명을 너희에게 주노니 서로 사랑하라 내가 너희를 사랑한 것 같이 너희도 서로 사랑하라 너희가 서로 사랑하면 이로써 모든 사람이 너희가 내 제자인줄 알리라"(요한복음 13:34-35), "누구든지 하나님을 사랑하노라 하고 그 형제를 미워하면 이는 거짓말하는 자니 보는바 그 형제를 사랑치 아니하는 자가 보지 못하는 바 하나님을 사랑할 수가 없느니라"(요한일서 4:20). 분노를 극복할 수 있는 성숙한 인격자는 먼저 사랑을 주는 사람입니다. 우리는 이것을 배워가야 합니다. 내가 먼저 사랑을 주는 사람이 되면 분노를 다스릴 수 있습니다.

성도 여러분, 우리의 마음속에 어떤 사람만 보면 화가 나는 경우가 있습니까? 그 사람과 그 일에 대해 계속 나쁜 말이 나오거나, 비방하고 싶고, 미워하는 마음이 일어납니까? 이것이 분노하는 마음이 일어나는 것입니다. 이때 이 분노를 다스려야 합니다. 다스리지 못하면 죄악이 됩니다. 분노를 어떻게 다스릴 수 있습니까? 내가 먼저 사랑하는 것입니다. 그 사람을 사랑하는 마음을 가지는 것입니다. 예수님처럼 내가 먼저 낮아지고, 내가 먼저 섬기면 됩니다. 내가 먼저 사랑을 주면 됩니다.

미국의 세계적인 부자인 존 록펠러가 운영하던 회사에서 임원 한 사람이 결정을 잘못하여 2백만 불(25억) 상당의 손해를 보게 되었습니다. 그 소식이 알려지던 날, 대부분의 임원들은 록펠러의 분노가 자신들에게도 미칠까 두려워 록펠러를 만나지 않을 궁리를 백방으로 하고 있었습니다. 그러나 동업자인 에드워드 베드포드는 예외였습니다. 그 날 록펠러를 만나기로 되어 있던 그는 단단한 각오를 하고 록펠러를 만나러 갔습니다. 록펠러의 사무실에 들어섰을 때에 그는 종이 위에 무언가 열심히 쓰고 있었습니다. 몇 분 후에 록펠러가 위를 쳐다보더니 "당신이군요, 베드포드 씨. 우리 회사의 손해에 대해 들으셨지요?" 베드포드가 들었다고 하자 록펠러는 이렇게 말했습니다. "저도 그것을 생각해 보았습니다. 저는 손해를 보게 한 그 사람을 불러 얘기하기 전에 몇 가지 메모를 하고 있었습니다." 베드포드는 막대한 손해를 보게 된 록펠러가 단단히 화가 나 있는 줄 알았습니다. 그런데 놀라운 것은 그가 쓴 쪽지에는 회사에 손해를 끼친 그 사람의 장점들이 잔뜩 적혀 있었습니다. 금번에 큰 손해를 가져오게 한 장본인은 회사가 올바른 결정을 하도록 여러 차례 도와주어서 최근의 손해보다 훨씬 더 많은 돈을 벌게 했다는 기록도 들어 있었습니다. 록펠러는 상대방의 단점보다 상대방의 좋은 점들을 먼저 생각하고 기억하고 있었습니다. 록펠러 그는 역시 대단한 분입니다. 여기에서 세계적인 부자요, 엄청난 재물을 관리할 수 있는 큰 인물의 일면을 우리는 볼 수 있습니다.

성도 여러분, 이 일화는 우리가 어떻게 분노를 극복하며 다스릴 것인가에 대한 좋은 교훈이 됩니다. 우리는 분노를 폭발하기 전에, 누구와 맞붙어 싸우기 전에 그의 장점들을 많이 생각하는 습관을 갖는 것이 중요합니다. 그리고 그 기록이 끝나면 그 사건을 올바른 시각으로 보게 되고 분노를 잠재울 수 있다는 장점이 있습니다. 이것이 바로 사랑으로 분노를 해소하는 방법입니다.

성도 여러분, 우리 주님은 우리에게 사랑으로 분노를 해소하는 방법을 직접 보여 주셨습니다. 우리의 죄에 대해 분노하지 않으시고, 십자가에서 피를 흘려주심으로 우리의 모든 죄를 대속하시고 용서하셨습니다. 그리고 3년 동안 심혈을 기울여 제자훈련을 시키시고, 많은 말씀으로 가르치시고, 기적을 보이셨습니다. 제자들은 예수님을 배반하고 도망가서 숨었습니다. 또한 부활하신 주님을 보고도 그들은 믿지 못했습니다. 주님의 입장에서 얼마나 괘씸하고 분노할 만한 일입니까? 그럼에도 불구하고 주님이 먼저 제자들을 찾아 주셨습니다. 그리고 만나주시고 사명을 다시 회복시켜 주셨습니다. 뿐만 아니라 마가의 다락방을 찾으셨고, 디베랴 새벽바다를 찾으셨고, 엠마오로 가는 길에까지 제자들을 찾아 오셨습니다. 그리고 감람원에서 승천하실 때에는 다시 한번 제자들에게 사명을 회복시켜 주셨습니다. 그 원천이 무엇입니까? 주님의 사랑입니다.

성도 여러분, 우리는 주님의 사랑을 배워야 합니다. 사랑함으로 분노를 극복하는 방법을 찾아야 합니다. 우리는 주님을 사랑하고, 복음을 사랑하고, 교회를 사랑하고, 형제를 사랑하는 삶을 배우고 실천해 나가야 합니다. 우리 주위에 있는 하나님의 사랑을 모르는 무수한 사람들에게 하나님의 사랑을 전하고 나누어주는 삶을 살 때, 비로소 우리는 분노를 다스릴 수 있는 인격을 소유하게 됩니다. 우리 모두 이 주님의 사랑을 나누어주고 전파함으로 분노를 다스리는 믿음의 성도가 됩시다.

3) 성령 충만을 받아야 합니다.

"술 취하지 말라 이는 방탕한 것이니 오직 성령의 충만을 받으라"(에베소서 5:18). 성령의 충만은 무엇입니까? 성령의 지배를 받는 삶을 말합니다. 성령의 콘트롤을 받는 것, 성령의 통제를 받는 것이 성령 충만입니다. 우리 힘으로는 아무것도 할 수 없습니다. 그러므로 우리는 성령의 충만함을 받아야 합니다.

R.A. 토레이 목사님은 D.L. 무디와 함께 한 세기에 미국 교회의 역사에 큰 영향을 끼쳤던 분입니다. 그는 이렇게 고백합니다. '나는 아침에 일어나서 제일 먼저 이 기도를 한다. '하나님, 오늘도 나를 성령 충만하게 도와 주십시오.' 나는 성령 충만 없이 하루 길을 걷는 것이 두렵다. 내가 성령 충만하다고

느끼지 않았을 때 나는 말을 조심한다. 왜냐하면 성령 충만하지 않을 때 내가 하는 말은 종종 실수일 수 있고, 실언일 수 있고, 이웃들에게 상처를 입힐 수 있기 때문이다. 나는 내가 성령 충만하다고 느끼지 않았을 때에는 중요한 결정을 유보한다. 내가 성령이 충만하지 않을 때 결정을 할 때에는 종종 내 결정은 잘못될 수 있고, 나는 믿지 않는 사람과 꼭 마찬가지의 이기적인 결정을 할 수 있다."

그렇습니다. 우리에게 순간마다 일어나는 분노의 감정이 죄악으로 발전하지 않도록 우리 자신을 극복해 갈 수 있는 길은 오직 성령 충만을 받는 것입니다. 그러기 위해 우리는 성령 충만을 사모해야 합니다. 그리고 매일의 시작과 순간마다 중요한 일을 결정하기 전에는 반드시 성령 충만을 위해 기도해야 합니다. "주님, 주의 성령으로 나를 충만히 지배해 주시옵소서. 주의 성령으로 나를 다스려 주시옵소서. 오늘도 내 입술을 다스려 주시고, 그리고 내 행동을 다스려 주옵소서."

성도 여러분, 우리 모두 사모함으로 기도하여 성령 충만을 받고, 분노를 극복하고, 죄의 소원을 다스리며 승리하는 성도가 되시기를 기원합니다.

스탠리 탬이라는 사업가가 있었습니다. 그는 미국의 대규모 플라스틱 회사를 경영하면서 회사에 들어오는 막대한 수입을 개인적인 안일과 향락을 위해 쓰지 않고 오직 주님의 복음

사역을 위해 바친 사업가로 유명합니다. 그는 하루 평균 3명을 주님께로 인도했습니다. 320개 교회를 개척하고, 40여 명의 십자군 대원을 운용하여 10여 만 명을 주님께로 인도했으며, 세계 14개국에서 선교활동을 했습니다. 그는 「하나님이 나의 사업을 소유하시고 계십니다」라는 책을 저술하기도 했습니다. 그리고 그는 다섯 가지 생활 지침을 이렇게 소개했습니다. 우리의 신앙생활에 특히 분노를 다스리고 극복하는데 도움이 되는 교훈입니다. ①어떤 역경에도 하나님께 감사하자. ② 형제에게 해로운 발언을 하려거든 차라리 번갯불에 손을 대자. ③성령의 음성에 순종하기 위해 어떤 희생이라도 감수하자. ④사랑으로 경영하고 분노로 다스리지 말자. ⑤매일 3회 다른 사람을 칭찬하자.

성도 여러분, 분노의 원인은 한마디로 불신앙과 죄의 소원을 다스리지 못했기 때문에 옵니다. 우리는 분노를 극복하기 위해, 먼저 항상 자기 자신에게서 원인을 찾아야 합니다. 그리고 우리는 사랑으로 분노를 해소하는 법을 배우고 성령 충만을 받아야 합니다. 아멘.

정욕을 다스립시다

¹해가 돌아와서 왕들의 출전할 때가 되매 다윗이 요압과 그 신복과 온 이스라엘 군대를 보내니 저희가 암몬 자손을 멸하고 랍바를 에워쌌고 다윗은 예루살렘에 그대로 있으니라 ²저녁때에 다윗이 그 침상에서 일어나 왕궁 지붕 위에서 거닐다가 그곳에서 보니 한 여인이 목욕을 하는데 심히 아름다워 보이는지라 ³다윗이 보내어 그 여인을 알아보게 하였더니 고하되 그는 엘리암의 딸이요 헷 사람 우리아의 아내 밧세바가 아니니이까 ⁴다윗이 사자를 보내어 저를 자기에게로 데려오게 하고 저가 그 부정함을 깨끗게 하였으므로 더불어 동침하매 저가 자기 집으로 돌아가니라 ⁵여인이 잉태하매 보내어 다윗에게 고하여 가로되 내가 잉태하였나이다 하니라

사무엘하 11:1-5

정욕을 다스립시다

어느 신문사에서 30~40대 남녀를 대상으로 설문 조사를 했습니다. 만약 "10년 전으로 돌아간다면 어떻게 살 것인가?" 결과는 이렇습니다. 1위는 "죽기 살기로 공부하겠다. 서러워 못살겠다." 2위는 "결혼하지 않고 싱글로 편하게 살겠다." 3위는 "실컷 해외 여행을 하겠다." 4위는 "절대 모범생의 탈을 벗고 노는 애가 되겠다." 그 다음에는 "사랑의 열병을 앓아 보고 싶다." "이성을 마음껏 유혹해 보겠다." "밤새워 술을 마시겠다." "야한 패션에 컬러풀한 염색을 하겠다." "귀와 코를 원도 없이 뚫어 보겠다." "원도 없이 미친 듯이 춤을 추겠다." 등이 었습니다. 대부분이 정욕과 관련이 있는 것들입니다.

얼마 전 한국에서는 현대 한국판 카사노바라 할 수 있는 사람이 경찰에 구속되었습니다. 이 사람은 미국 유학 출신으로 서울 명동에 건물이 두 채나 있으며, 까페를 운영하는 등 학력이나 재력으로 볼 때 상당한 사람입니다. 이런 사람이 200명 이상의 여성들과 관계를 가지다가 아내의 고소로 전모가 밝혀졌습니다. 수첩에는 그동안 상대했던 여성들을 얼굴, 몸매, 직업, 재산, 만족도 등으로 세부 항목을 만들어 채점을 해서 A,B,C,D등급으로 순위를 정해 관리해 온 내용이 적혀 있었습니다. 조사를 받기 위해 온 여성들도 "내가 도대체 뭘 잘못했느냐?"고 경찰들에게 반항했다고 합니다.

오늘날 이런 정욕 중병 환자들이 세계곳곳에 얼마나 많은지 모릅니다. 물론 사람에게는 본능적인 욕구가 있습니다. 식욕이 있어야 음식을 먹습니다. 식욕이 없으면 우리가 살 수 없습니다. 그러나 절제하지 못한 식욕은 탐식이며 그것은 죄가 됩니다. 또한 성욕이 없으면 안됩니다. 성욕이 있어야 자녀를 낳고, 자손이 있어야 인류가 존재할 수 있지 않겠습니까? 그러나 다스려지지 못한 성욕은 정욕이라는 이름으로 죄가 될 수 있습니다.

오늘 본문은 정욕을 다스리지 못한 다윗 왕의 범죄에 대해 기록하고 있습니다. 기독교인은 정욕을 잘 다스릴 줄 알 때 고상하고 아름다운 인격과 품위를 유지할 수 있습니다. 다윗은 통일왕국의 왕이 되자 많은 처첩들을 취했습니다. 이것은 분명히 잘못된 것이지만, 그 당시의 문화적인 습관 안에서는 왕이 후궁들을 소유하는 것이 허용되었습니다. 아무튼 이것은 하나님 앞에서 범죄행위입니다. 다윗은 이처럼 많은 여자를 거느리고 있었음에도 불구하고, 다윗은 당시의 법에서도 허용하지 못할 비합법적인 결정적인 범죄 속에 떨어지게 됩니다. 그 원인은 정욕을 다스리지 못했기 때문입니다. 하나님의 백성은 정욕을 다스릴 수 있는 인격자로 살아가야 합니다.

1. 정욕은 영적 긴장이 풀릴 때 일어납니다.

"해가 돌아와서 왕들의 출전할 때가 되매 다윗이 요압과 그 신복과 온 이스라엘 군대를 보내니 저희가 암몬 자손을 멸하고 랍바를 에워쌌고 다윗은 예루살렘에 그대로 있으니라"(사무엘하 11:1). 우리가 눈여겨보아야 할 말씀은 '다윗은 예루살렘에 그대로 있으니라' 입니다. 전쟁이 발발하자 부하들은 전쟁터에 다 내보내고 다윗은 예루살렘에 남아 있었습니다. 이것이 다윗의 변화된 모습입니다. 다윗이 옛날 같으면 전쟁이 발발하면 누구보다 앞장섰습니다. 전선에서 병사들과 함께 밤을 지내며 싸우던 다윗이었습니다. 그런 다윗이 이번에는 부하와 참모들을 모두 전선에 보내고 혼자 예루살렘에 남았다고 성경은 말씀합니다. 지금 나라가 전쟁으로 비상사태에 있는데 왕은 예루살렘 궁에서 편하게 머무르고 있습니다. 물론 국가의 원수가 항상 전쟁터에서 병사들과 함께 할 수는 없습니다. 그러나 우리가 여기서 주의해야 할 것은, 바로 영적 긴장이 해

이해졌기 때문에 예루살렘에 머물렀다는 것입니다. 이때 사건이 일어났습니다. "저녁때에 다윗이 그 침상에서 일어나 왕궁 지붕 위에서 거닐다가 그곳에서 보니 한 여인이 목욕을 하는데 심히 아름다워 보이는지라"(사무엘하 11:2). 여기서 우리가 관심을 가져야 할 단어는 '저녁때에'라는 단어입니다. 사람이 잠자고 일어나는 시간은 아침입니다. 그런데 이 본문에서 다윗은 저녁때에 일어났다고 했습니다. 다윗이 낮잠을 잤다는 말입니다. 물론 팔레스틴에는 한낮의 더위를 피하기 위해 낮잠을 자는 것은 하나의 풍습입니다. 그렇지만 나라가 초긴장 상황에서 왕이 한가하게 낮잠을 즐긴다는 것은 이해하기 어려운 일이 아니겠습니까? 나라에 전쟁이 발발했습니다. 그렇다면 왕은 금식기도를 하며 하나님의 도우심을 구하는 것이 마땅하지 않겠습니까? 그런데 왕이 낮잠을 자고 나서 한가하게 지붕을 거닐었습니다. 바로 그때 사건이 발생했습니다. 다윗의 눈에 어떤 장면이 들어왔습니다. 목욕하는 여자가 자기 눈에 띈 것입니다. 당시 팔레스틴에서는 집 안 마당의 우물에서 목욕을 하는 것은 보통 있는 일이었습니다. 그리고 지붕 위에서는 목욕하는 것을 쉽게 볼 수 있었으므로 지붕에서 다른 사람의 목욕하는 것을 내려다보지 못하도록 금기사항으로 통하고 있었습니다. 그런데도 다윗은 이런 금기 사항을 어기고 여인의 목욕하는 것을 내려다보았습니다. 왕의 체신은 온데 간데 없고 여인의 목욕장면을 감상했다는 말입니다. 그때 다윗은 정욕이 불타 올랐습니다. 그리고 공권력을 동원하여 범죄하게 됩니다.

　이 정욕이 어디에서 왔습니까? 전쟁터에 나가지 않고 예루살렘에 머물렀기 때문에 왔습니다. 그리고 낮잠을 자고 일어나 저녁에 지붕을 거닐다가 목욕하는 장면을 보고 일어난 것입니다. 한마디로 영적 긴장이 풀어졌기 때문입니다. 영적 긴장이 풀어지면 세상 정욕에 빠져 버립니다. 심리학자들은 소위 정욕이나 간음이라는 죄 속에 떨어지는 사람들에게는 분명히 공통된 하나의 심리가 있는데 그것은 환상을 보는 것이라고 합니다. 다윗은 지금 환상 속의 여자에 빠져있습니다. 요즈음도 많은 사람들이 중독되어 있습니다. 잡지에 중독되고 비디오에 중독되어 있습니다. 요즈음은 인터넷에도 중독되어 있습니다. 이 중독증에 빠져 버리면 환상 속의 사람을 찾게 됩니다. 환상 속의 여인을 찾고 환상 속의 남자를 찾습니다. 사탄이 이것을 노립니다. 마귀는 계속해서 우리에게 환상을 보여 줍니다. 사실이 아닌 환상을 보여 줍니다. 이것은 공상입니다. 영화 속에 나오는 매력적인 주인공 같은 남자와 여자는 현실에는 없습니다. 사람의 마음을 완전히 사로잡고 마음을 빼앗아 버리는 그런 놀이와 재미는 이 땅에 존재하지 않습니다. 그것은 환상이요 쇼에 불과합니다. 여기에 많은 남자들과 여자들이 속아서 넘어갑니다. 마귀가 환상을 보게 합니다. 여기에 정욕이라는 무서운 죄악이 있습니다. 이러한 현상은 영적 긴장이 풀릴 때 나타납니다.

예수님께서 앞으로 내가 무리에게 붙잡혀 십자가를 질 것이라고 말씀하시자 주님의 제자 베드로는 이렇게 말했습니다. "베드로가 여짜오되 다 버릴지라도 나는 그렇지 않겠나이다"(마가복음 14:29), "내가 주와 함께 죽을지언정 주를 부인하지 않겠나이다"(마가복음 14:31). 베드로의 호언장담입니다. 그러나 바로 몇 시간 후, 베드로는 예수님의 예언대로 닭이 두 번 울기 전에 예수님을 세 번 부인하게 됩니다(마가복음 14:72). 그 원인이 무엇입니까? 영적 긴장감을 상실했기 때문입니다. 예수님은 지금 십자가를 지셔야 합니다. 예수님은 이 일을 위해 밤새 기도로 준비하셨습니다. 그러나 베드로는 주님의 경고를 무시했습니다. 베드로는 예수님의 경고를 귀담아 듣지 않았습니다. 이런 방심이 문제였습니다. 하나님의 말씀을 신중하게 받지 않고 주님의 경고를 가볍게 여기는 것은 실수의 원인이 됩니다.

우리에게 영적 긴장이 필요합니다. 적당한 영적 긴장은 우리의 영적 삶을 더욱 풍성하게 해줍니다. 또한 베드로는 자신만만해서 호언장담했습니다. 베드로는 자기 자신을 믿었기 때문에 자신이 있었습니다. 그런데 자기를 믿은 것이 실수였습니다. 영적생활은 자신감으로 되는 것이 아니라는 사실을 베드로는 잊고 있었습니다. 내 의지와 생각으로 신앙생활을 잘 할 수 있다고 생각한다면 대단한 착각입니다. 내 손이 하나님을 붙잡는 힘으로 우리의 신앙이 유지되는 것이 아닙니다. 오히려 하나님의 손이 내 손을 붙잡아 주시는 그 힘으로 우리의 신앙이 지탱됩니다. 오히려 자기를 내려놓아야 합니다. 자기를 죽여야 합니다. 자신감으로 호언장담을 할 수는 있습니다. 그러나 그것은 말로 끝날 뿐입니다. 그리고 베드로는 비교 우월의식에 빠져 있었습니다. "내가 누군가? 나는 예수님의 최측근이 아닌가? 그러기에 다 버릴지라도 나는…." 생각이 여기에 미치자 베드로는 입을 열었습니다. "나는 다릅니다. 나는 저들과 같지 않습니다." 이런 교만과 자만이 우리를 넘어지게 만듭니다.

신앙은 하나님과 나와의 관계입니다. 누구와 비교할 성질의 것이 아닙니다. 신앙은 상대평가가 불가능합니다. 오로지 절대평가만 있을 수 있습니다. 베드로의 비교 우월의식이 결국 사단이 파고들 수 있는 틈이 되고 말았습니다.

성도 여러분, 우리는 영적 긴장을 풀어버릴 때 정욕의 노예가 되고 범죄 하게 됩니다. 그러므로 성경의 가르침은 항상 "깨어 있으라, 정신을 차리라, 그리고 기도하라, 하나님의 전신갑주를 입으라."는 것입니다. 우리는 언제나 영적으로 잘 무장되어 악한 마귀의 유혹을 물리치고 정욕을 다스릴 줄 아는 성도로 살아갑시다.

2. 정욕을 절제하지 못할 때 범죄가 일어납니다.

"다윗이 보내어 그 여인을 알아보게 하였더니 고하되 그는 엘리암의 딸이요 헷사람 우리아의 아내 밧세바가 아니니이까 다윗이 사자를 보내어 저를 자기에게로 데려 오게 하고 저가 그 부정함을 깨끗케 하였으므로 더불어 동침하매 저가 자기 집으로 돌아가니라"(사무엘하 11:3-4). 다윗이 목욕하고 있는 여인의 신분을 알아보니 자기의 부하요 충신인 우리아의 아내 밧세바였습니다. 그녀의 남편 우리아는 다윗의 37인 용사 중 하나였습니다(사무엘하 23:39). 지금 밧세바의 남편은 전쟁터에서 나라와 다윗을 위해 목숨을 걸고 싸우고 있습니다. 그런데 다윗은 자신의 권세로 그 여인을 데려오게 하여 동침을 합니다. 이것은 분명한 죄악입니다. 다윗의 행위는 율법에 분명히 금하는 것입니다. 다윗이 그것을 모르고 죄를 범했겠습니까? 아닙니다. 분명 다윗은 알고 있었습니다. 그런데 왜 알면서도 그런 죄를 범했습니까? 그것은 그의 속에서 일어나는 정욕을 절제하지 못했기 때문입니다. 정욕을 다스리지 못하면 선을 넘게 됩니다. 밧세바는 다른 사람의 부인입니다. 그것도 자신을 위해 목숨을 바쳐 전쟁터에서 싸우고 있는 부하의 부인입니다. 다윗은 자신의 정욕을 절제하지 못했기 때문에 범죄하고 말았습니다.

하나님은 남녀를 짝지워 부부로 살게 하셨습니다. 태초에

에덴동산에서 아담과 하와 두 사람, 1남 1녀로 가정을 이루고 서로 사랑하는 가운데 자녀를 생산하면서 살아가게 하셨습니다. 부부는 서로 인격적으로 사랑하며 가정을 이루어가야 합니다. 그러므로 두 사람 이외의 다른 이성이 여기에 개입되어서는 안됩니다. 더 노골적으로 표현하면 부부 두 사람 이외의 누구와도 성관계를 가지는 것은 범죄가 된다는 말입니다. 그런데 우리 인간의 마음속에는 죄로 인해 정욕이 일어나기 때문에 이 정욕을 절제하지 못하면 선을 넘어 범죄하게 됩니다. 다윗은 바로 자신의 정욕 때문에 이 선을 넘고 말았습니다.

오늘날 발생하는 모든 성범죄는 바로 이 정욕을 다스리지 못하기 때문에 일어납니다. 부부는 하나님께서 짝지워 주셔서 서로 사랑하며 즐기며 살아가도록 축복하셨습니다. 부부는 인격을 바탕으로 사랑하며 성관계를 가져야 합니다. 그런데 부부 이외의 다른 사람들과의 관계는 인격이 없고, 오직 성욕과 자기 욕심을 충족시키는 것 외에는 아무것도 없습니다. 이것은 바로 매춘행위와 다를 바 없습니다. 매춘행위에는 인격이 없습니다. 그런데 성을 매매하는 일들이 많이 있습니다. 원조 교제, 몰래 교제 등은 상대방의 인격에 관심을 가질 필요가 없습니다. 오직 순간적인 쾌락만 즐기면 됩니다. 이것은 잘못된 것입니다. 왜냐하면 인격이 없는 사랑이기 때문입니다. 사랑에는 인격이 있습니다. 상대방에 대한 친절과 호의와 배려가 있고, 그리고 교제가 있습니다. 그리고 이 따뜻

함 속에서 인격은 자라고 열매를 맺습니다. 그런 의미에서 사랑은 주는 것이요 대화하는 것입니다. 그러나 정욕은 철저하게 빼앗고 짓밟고 파괴하는 것입니다. 불행한 것은 마귀는 정욕으로 사람들을 유혹합니다. 인간은 마음속에 일어나는 정욕과 눈에 들어오는 유혹을 다스리지 못할 때 선을 넘어서고 맙니다.

오늘날 현대의 성문화 개방은 많은 사람들이 대담하게 죄를 범하게 만듭니다. 정욕의 절제선을 넘도록 합니다. 그래서 세속문화는 정욕을 부채질하고, 정욕의 선을 넘도록 부채질합니다. 그리고 그것을 로맨스라고 착각하게 합니다. 이것은 바로 우리가 마귀에게 속아 넘어가는 것입니다. 바로 다윗이 이 죄에 빠져버렸습니다.

다윗 왕이 목욕하는 밧세바를 보았습니다. 그러면 고개를 돌리거나 피하는 것이 당연한 일입니다. 그런데 다윗의 눈에는 목욕하는 여자가 계속 들어왔습니다. 피하는 대신 한 걸음 더 나아갔습니다. 성경은 말씀합니다. "다윗이 보내어 그 여인을 알아보게 하였더니 고하되 그는 엘리암의 딸이요 헷 사람 우리아의 아내 밧세바가 아니니이까"(사무엘하 11:3). 다윗은 사람을 보내어 그 여자의 신분을 알아보게 합니다. 그리고 그 여인을 데려오게 하여 선을 넘고 말았습니다. "다윗이 사자를 보내어 저를 자기에게로 데려 오게 하고 저가 그 부정함을 깨끗케 하였으므로 더불어 동침하매 저가 자기 집으로 돌아가니라"(사무엘하 11:4). 다윗 왕은 자신의 힘과 돈으로 상대방을 소유하려고 합니다. 이것은 오만이요 범죄입니다. 정욕을 다스리지 못할 때 일어나는 현상입니다. 이 사건은 전적으로 다윗의 실수입니다.

그러면 여인의 잘못은 없었습니까? 전혀 없다고 보기는 어렵습니다. 문제는 목욕 시간입니다. 목욕을 오후 저녁시간에 했다는 것이 문제입니다. 지붕 위에서는 목욕하는 장면을 볼 수 있다는 것을 알고 있으면서도, 아직 날도 저물지 않았는데 목욕을 함으로 다른 사람의 눈에 띄게 했습니까? 새벽이나 밤에 해도 될텐데 말입니다. 물론 "내가 목욕하는데 뭐가 잘못이냐? 훔쳐 보는 사람이 잘못이지." 이렇게 말할 수 있을지 모릅니다. 그러나 이 여인은 자신의 아름다움을 위해 한 행동이 가져 온 엄청난 결과를 모르고 하는 말입니다. 여성들은 아름다워질 특권이 있습니다. 아름다워지기 위해 노력하는 것은 본능입니다. 그러나 기억해야 할 것은 아름다움을 추구하는 노력은 좋으나 이로 인해 남을 유혹하는 것은 잘못되었다는 말입니다. 우리가 하는 화장이나 입는 옷이 다른 사람을 유혹할 수도 있겠다는 생각이 들면 생각해 볼 문제입니다.

옷차림도 조심해야 할 필요가 있습니다. 아름다운 옷을 입으면 보기에 아름답습니다. 그러나 다른 사람을 유혹할만한 복장은 곤란합니다. 다른 사람을 유혹하거나 당황하게 하는 복장은 삼가야 하지 않겠습니까? 우스운 이야기가 있습니다. 어떤 자매가 예배드리기 위해 교회에 오는데 배꼽티를 입고 왔다고 합니다. 안내하던 집사님이 놀라고 기가 막혀서 한마디했습니다. "자매님, 아무리 개방시대이지만 어떻게 배꼽을 내놓고 교회에 오십니까?" 그런데 그 자매가 정색을 하면서 이렇게 말했다고 합니다. "집사님, 성경도 모르십니까?" 집사님이 당황해서 "아니, 성경에 뭐라 그랬소?" 그러자 그 자매가 말했습니다. "집사님, 성경에 보면 하나님은 중심을 보신다 그러지 않았습니까?" 성경 해석도 자기에게 꼭 맞게 절묘하게 적용했습니다. 성경의 어디를 보아도 하나님은 사람의 마음의 중심을 보신다고 했지, 배꼽을 중심으로 보신다고 기록한 곳은 없습니다. 정욕을 절제하지 못할 때 범죄하게 됩니다.

성도 여러분, 우리는 정욕을 다스려야 합니다. 먼저 자신의 정욕을 절제하는 삶을 사는 동시에 다른 사람들의 정욕을 자극하거나 범죄하도록 유혹하지 않케 하는 것도 중요합니다.

3. 정욕은 값비싼 대가를 지불해야 합니다.

사단은 사람들을 유혹하여 정욕에 빠지게 해서 쾌락을 추구하게 합니다. 그러나 마귀는 쾌락을 보여주지만, 결코 쾌락 건너편에 있는 그가 지불해야 할 값비싼 대가는 절대 보여주지 않습니다. 그러나 절제하지 못한 정욕으로 오는 결과에 대한 값비싼 대가를 반드시 지불해야 합니다. 예를 들어 사단은 술의 쾌락은 보여 주지만, 술을 마시고 난 후에 올 후유증에 대한 모습은 절대 보여주지 않습니다. 마약의 쾌락과 흥분은 보여주지만, 그 마약의 결과 인생이 파괴되고 무너지는 모습은 결코 보여주지 않습니다. 사단은 도적질을 통한 소유의 쾌락은 보여주지만, 그 결과 파괴되는 그 사람의 인격과 범죄의 대가는 보여주지 않습니다. 사단은 정욕을 달콤한 환상적인 로맨스처럼 보여주지만, 그러나 그 정욕의 결과가 가져다 줄 가정 파괴, 인격 파괴, 부부와 자손들에게까지 주어지는 깊은 아픔과 상처와 값비싼 대가들은 결단코 보여주지 않습니다.

다윗은 정욕의 선을 넘은 대가로 엄청난 고통을 지불해야만 했습니다. 만약 다윗이 정욕의 결과를 알았더라면 이런 죄를 범했겠습니까? 다윗은 많은 대가를 지불했습니다. 어떤 대가였습니까? 먼저 자신의 죄를 숨기기 위해 밧세바의 남편 우리아를 맹렬한 전쟁터에 보내어 죽게 합니다. 이것은 살인죄입니다. 또 자신의 죄를 감추기 위해 계속해서 거짓말을 했습니다. 그리고 밧세바를 궁전으로 데려와 자기의 아내로 삼았습니다. 그리고 불륜의 씨앗이 잉태됩니다. "여인이 잉태하매 보내어 다윗에게 고하여 가로되 내가 잉태하였나이다 하니라"(사무엘하 11:5). 그리고 불륜의 씨앗인 아이를 낳았습니다. 그런데 그 아이는 이레만에 죽고 맙니다. 하나님의 징계였습니다. 그 뿐만이 아닙니다. 다윗의 아들 암논이 이복누이였던 다말과 간음을 하게 됩니다. 얼마나 창피하고 부끄러운 일입니까? 그리고 다윗은 신하들로부터 더 이상 존경을 받지 못합니다. 내분이 일어나고, 나중에는 아들 압살롬이 다윗의 부하들과 함께 반역을 일으켜 전쟁이 발발합니다. 그 후에도 아들 아도니야가 반역을 일으키는 등, 칼이 그 집안에서 떠나지 않았습니다. 이것이 다윗이 한 순간의 정욕을 다스리지 못함으로 지불한 대가입니다.

오늘날에도 마찬가지입니다. 한 순간의 정욕을 이기지 못함으로, 또는 습관적인 정욕의 대가로 얼마나 많은 값을 지불하고 있습니까? 정욕은 반드시 그 값을 요구합니다. 죄의 삯은 사망입니다. 반드시 죄는 삯을 받아 냅니다. 대가를 치르게 만듭니다.

이솝우화에 파리와 불나비의 이야기가 있습니다. 배가 고픈 파리가 날아다니다가 맛이 있는 꿀을 발견합니다. 꿀단지의 주변을 돌면서 조심조심 그 꿀맛을 맛보다가 그 날개가 꿀에 젖어버리고 맙니다. 힘을 쓰면 쓸수록 그 꿀 속으로 더 깊이 파묻혀 갑니다. 그때 불나비 한 마리가 날아와서 "야, 이 녀석아. 음식을 그렇게 탐스럽게 먹으면 안 되는 거야. 네가 너무 돼지처럼 먹기를 좋아하니까 그렇게 빠져서 결국은 죽지 않니?' 그렇게 비난을 하던 불나비 앞에서 파리는 할 말이 없었습니다. 밤이 되어 촛불을 켰는데 불나비가 촛불 주위를 빙빙 돕니다. 불나비는 그 촛불의 아름다운 색깔에 취해서 더 잘 보려고 가까이로 가다가 결국은 그 촛불에 타서 죽었습니다. 그때에 아직도 죽지 않은 채 꿀에 묻혔던 파리가 불나비에게 말합니다. "나더러 바보라고 하더니 저는 더 바보구먼. 한번에 타죽네…." 인간에게는 쾌락의 함정이 있습니다.

이 쾌락이 점점 우리를 꿀단지 속으로 빠져들게 하고, 몸을 가누지 못하고 죽을 곳을 향해서 깊이 빠져 들어가게 합니다. 이 꿀단지로 우리를 유혹하는 힘과 에너지는 무엇입니까? 바로 쾌락의 정욕을 이기지 못한 것입니다. 정욕의 결과는 파괴입니다. 결혼이 파괴되고 가정이 파괴됩니다. 자녀들이 비참하게 됩니다. 죄의 삯은 사망입니다. 이것은 육체적 사망뿐만이 아닙니다. 이것은 인격의 사망이자 가정의 사망입니다. 그리고 우리가 소중히 여기던 가치들의 포기, 가치의 사망을 뜻합니다. 정욕이란 죄는 값비싼 대가를 요구합니다. 성경은 말씀합니다. "죄의 삯은 사망이요 하나님의 은사는 그리스도 예수 우리 주 안에 있는 영생이니라"(로마서 6:23).

4. 그러면 정욕에서 벗어날 수 있는 방법은 무엇입니까?

1) 회개해야 합니다.

다윗은 회개했습니다. 다윗은 자기가 죄를 짓고도 모르는 척하고 있었습니다. 영이 어두웠기 때문입니다. 그러나 하나님은 선지자 나단을 보내어 그의 죄를 깨닫게 하셨습니다. 다윗은 자기의 죄를 바로 깨닫고 굵은 베옷을 입고 회개했습니다. 철저히 회개하고 엎드렸습니다. 시편 51편이 바로 유명한 다윗의 참회의 시편입니다. 하나님은 다윗의 회개를 보시고 그의 죄를 용서하셨습니다. 다윗은 다시 밝은 영을 회복했습니다. 그 무서운 정욕의 사슬에서 해방될 수 있었습니다. 회개하는 것이 정욕에서 벗어날 수 있는 길입니다.

미국의 한 유명한 교회에 젊은 목사가 있었습니다. 그런데 공명심에 사로잡혀서 성직을 버리고 정계로 나갔습니다. 그는 국회의원이 되어 야심적인 활동을 펼쳐나갑니다. 본심은 아니었지만 신앙이 점점 박약해지고 교회와 멀어지게 됩니다. 친구들이 대화나 편지로 권면을 하는 등 충심으로 충고합니다. 그러나 다 뿌리치고 사회적 명성과 정치적 권력으로 큰 역사를 이루어보겠다고 세상으로 나갑니다. 마침내 그는 불신자가 되고 말았습니다.

어느 날 만취되어 집으로 돌아오자 세 살 난 귀여운 딸이 쪼르르 따라오더니 말합니다. "아빠, 저 글 읽을 줄 알아요." "그래? 한번 읽어보려무나." 어린 딸은 고사리 같은 손으로 조그마한 성경책을 펴들고 읽습니다. "마음을 다하여 주 너의 하나님을 사랑하라" 또박또박 읽고는 자랑스러운 얼굴로 아버지를 쳐다보았습니다. 그런데 이게 웬일입니까? 아버지의 눈에서는 눈물이 비 오듯 흐릅니다. 견디다 못한 그는 딸을 물리치고 자신의 방으로 들어가 문을 잠그고 한참이나 소리 높여 울었습니다. "하나님, 제가 잘못했습니다. 마음과 정성을 다하여 주 하나님을 사랑합니다. 제가 비록 이 처지에 있지만 진정 주를 사랑합니다." 회개한 그는 다시 하나님의 품으로 돌아왔다고 합니다.

성도 여러분, 회개는 늦추면 안됩니다. 회개는 당장 해야 합니다. 지금 바로 해야 합니다. 회개는 따로 날을 받아서 천천히 하는 것이 아닙니다. 오늘 바로 해야 합니다. 요셉은 보디발의 아내가 유혹할 때 바로 그 자리에서 뛰쳐나왔습니다. 우리도 유혹을 느낄 때 당장 그 자리에서 뿌리치고 나와야 합니다. 범죄할 수 있는 장소를 피해야 합니다. 범죄할 수 있는 장소는 언제라도 환경과 상황을 거부하고 바로 떠나야 합니다. 지금 당장 회개해야 합니다.

2) 적극적인 사랑이 있어야 합니다.

다시 말하면, 내가 사랑해야 할 그 사람, 즉 남편과 아내가 서로를 사랑해야 합니다. 열심히 적극적으로 사랑해야 합니다. 마지못해 억지로 사랑하는 것이 아니라 사랑해야 할 의무와 권리가 있음을 알고 사랑해야 합니다. 남편은 하나님이 주셨습니다. 아내 역시 하나님이 내게 주셨습니다. 그러므로 사랑해야 합니다. 부부의 사랑이 바르지 않고 틈이 생길 때 바로 여기에서 문제가 발생합니다. 이 틈을 주지 말아야 합니다. 부부가 열심히 적극적으로 사랑하며 살아가야 합니다. 이것은 서로가 노력해야 합니다. 하나님께서 짝지워 주신 부부는 서로에게서 하나님이 주신 인격의 향기와 아름다움을 다시 발견해야 합니다. 사랑을 만들어 가야 합니다. 그리고 감사해야 합니다.

어떤 심리학자가 미국의 여러 집단을 대상으로 성적 만족도가 제일 높은 집단이 어느 집단인지를 조사했습니다. 제1위가 복음주의적 교회에 출석하는 성도들이었습니다. 그들이 성생활의 만족도가 제일 높았습니다. 이것은 복음을 깨달아 주님을 사랑하는 부부들이 인간적인 사랑에 있어서도 훨씬 더 풍성할 수 있습니다.

성도 여러분, 하나님이 우리에게 주신 사람들을 열심히 사랑하십시오. 남편과 아내는 서로 열심히 사랑하십시오. 부모님을 사랑하고 자녀를 사랑해야 합니다. 이때 모든 유혹을 물리칠 수 있습니다. 참 사랑을 회복하고 창조해 가시길 바랍니다.

3) 거룩한 일에 열심이어야 합니다.

하나님의 일을 열심히 하면 정욕을 다스릴 수 있습니다. 마귀에게 틈을 주어서는 안됩니다. 다윗이 실수한 것은 하나님의 나라를 위한 일을 열심히 하지 못하고, 예루살렘에 머물며 낮잠을 자는 영적인 태만으로 인해 마귀에게 기회를 준 것입니다. 전쟁에 출전하지 못하면 아침부터 나가서 상황을 보고 받으며 체크하는 등 자신이 해야 할 일에 열심을 다했다면 이런 어려움을 당하지 않았을지도 모릅니다.

성도 여러분, 우리는 거룩한 일에 바빠야 합니다.

더글라스는 크리스천들을 다음과 같이 꾸짖었습니다. "기독교인에게 있어서 진짜 비극은 많은 잠재력을 가진 사람들이 많은 에너지와 열심과 헌신을 드려야 하는데, 조금 헌신하면서 많은 것을 드리고 있는 것처럼 생각하는데 있습니다. 그리고 그들의 지도자들이 종종 단순히 최소한의 것보다 더 요구하는 것을 두려워합니다." 성경은 말씀합니다. "부지런하여 게으르지 말고 열심을 품고 주를 섬기라"(로마서 12:11). 열심을 내서 부지런히 일하며 성령으로 뜨거워진 마음을 가지고 주님을 섬기십시오. 윌리암 버클레이는 이 말씀에 대한 주석을 이렇게 기록했습니다. "우리는 열심에 있어 게으름을 피우지 말아야 합니다. 기독교인의 삶에 있어서 확실한 강렬함이 있어야 합니다. 무기력이 자리잡지 못하게 해야 합니다. 기독교인은 자신을 안일한 삶에 두지 말아야 합니다. 왜냐하면 세상은 항상 선과 악의 전쟁터이기 때문입니다. 시간은 제한되고 삶은 영원을 위한 준비입니다. 기독교인은 반드시 불타올라야 합니다. 그렇지 않으면 녹슬어 없어집니다."

우리가 거룩하게 되는 것은 마음의 깨끗함, 즉 순결에 있습니다. 진정한 마음의 깨끗함은 오직 한가지 목적에 몰두하는 데 있습니다. 그것을 divine purpose라고 말합니다. 신적인 목적, 하나님의 목적 앞에 몰두할 때 우리의 마음은 깨끗해집니다.

존 번연이 쓴 「천로역정」에는 이런 이야기가 나옵니다. 견립이라는 사람이 천성을 향해 가는 도중에 수포라는 여인을 만났습니다. 수포라는 여인은 고운 옷을 입고 견립을 유혹했습니다. 그렇지만 견립은 수포의 유혹을 뿌리쳤습니다. 그럼에도 불구하고 수포는 웃음을 잃지 않고 계속해서 견립을 유혹했습니다. 결국 견립이 두 손을 들어 기도하기 시작했습니다. 견립이 기도하자 비로소 수포는 슬그머니 사라졌습니다.

성도 여러분, 우리 혼자의 힘으로 정욕과 유혹을 이기기란 어려운 일입니다. 우리의 주변은 갈수록 향락문화의 영향에 둘러싸여 갑니다. 이 세속적인 문화의 유혹에서 이기기 위해 우리는 거룩한 일에 힘쓰고 바빠야 합니다. 기도와 예배에 힘쓰고 말씀공부에 힘써야 합니다. 전도와 교회 봉사에도 힘써야 합니다. 부부가 함께 기도하고, 예배드리고, 말씀 배우며, 전도하고 봉사하는 거룩한 일에 힘써야 합니다. 이때 하나님의 능력이 우리에게 나타납니다. 용기가 치솟고 십자가의 능력이 나타납니다. 그때 우리는 승리할 수 있습니다. 이때 우리는 정욕을 다스리고 이길 수 있습니다.

성도 여러분, 우리는 거룩한 일에 바빠져야 합니다. 그때 정욕을 물리치게 되고 오히려 정욕을 다스릴 수 있습니다. 저는 에이미 카르미카엘의 기도를 소개함으로 말씀을 맺고자 합니다.

> 저에게 주소서,
> 길을 인도할 그 사랑,
> 아무 것에도 당황하지 않는 믿음,
> 실망이나 피곤이 없는 소망,

불같이 타오르는 열정,
저로 흙같이 갈아 앉지 않도록 하소서.
주님의 연료로 하나님의 불꽃이 되도록 저를 빚으소서.
아멘.

P·e·r·s·o·n·a·l·i·t·y·o·f·C·h·r·i·s·t·i·a·n

질투를 극복합시다

⁶무리가 돌아올 때 곧 다윗이 블레셋 사람을 죽이고 돌아올 때에 여인들이 이스라엘 모든 성에서 나와서 노래하며 춤추며 소고와 경쇠를 가지고 왕 사울을 환영하는데 ⁷여인들이 뛰놀며 창화하여 가로되 사울의 죽인 자는 천천이요 다윗은 만만이로다 한지라 ⁸사울이 이 말에 불쾌하여 심히 노하여 가로되 다윗에게는 만만을 돌리고 내게는 천천만 돌리니 그의 더 얻을 것이 나라밖에 무엇이냐 하고 ⁹그 날 후로 사울이 다윗을 주목하였더라 ¹⁰그 이튿날 하나님의 부리신 악신이 사울에게 힘있게 내리매 그가 집 가운데서 야료하는고로 다윗이 평일과 같이 손으로 수금을 타는데 사울의 손에 창이 있는지라 ¹¹그가 스스로 이르기를 내가 다윗을 벽에 박으리라 하고 그 창을 던졌으나 다윗이 그 앞에서 두번 피하였더라 ¹²여호와께서 사울을 떠나 다윗과 함께 계시므로 사울이 그를 두려워한지라 ¹³그러므로 사울이 그로 자기를 떠나게 하고 천부장을 삼으매 그가 백성 앞에 출입하며 ¹⁴그 모든 일을 지혜롭게 행하니라 여호와께서 그와 함께 계시니라

사무엘상 18:6-14

4

질투를 극복합시다

유태인들의 민담에 나오는 이야기입니다. 어느 천사가 한 여자에게 나타나서 그 여인에게 축복하겠다고 했습니다. 그 천사는 여인에게 축복할 뿐만 아니라 이 여자가 지명하는 친구가 있으면 그 친구에게는 똑같은 축복을 갑절로 주겠다는 제안을 했습니다. 이 여자는 이 말을 들은 즉시 자기의 경쟁관계에 있어 늘 질투해 오던 한 여자 친구를 생각했습니다. 그래서 천사에게 이렇게 말했습니다. "그러면 천사님, 제가 무얼 원하든지 저에게 주시는 그것을 제 친구에게는 갑절로 주신다는 말씀이죠?" 천사가 그렇다고 대답하자, 이 여자가 이런 요청을 했습니다. "그러면 제 한쪽 눈의 시력을 잃어버리게 도와 주십시오." 무슨 뜻인지 아시겠지요? 자기가 한 눈을 잃어버리면 자기의 친구는 어떻게 되겠습니까? 물론 두 눈의 시력을 다 잃게 될 것입니다. 자기와 라이벌 관계에 있는 친구의 두 눈이 없어질 수만 있다면 자기의 한쪽 눈이 없어지는 것쯤은 괜찮다는 말입니다. 질투는 이처럼 무섭고, 결국은 불행을 자초한다는 것을 보여주는 이야기입니다.

오늘 본문을 보면, 다윗이 이스라엘을 공포에 몰아넣었던 블레셋의 적장 골리앗을 쓰러뜨리고, 전쟁에서 승리하여 개선 장군이 되어 퍼레이드를 펼치며 돌아옵니다. 이때 많은 백성들이 달려나와 다윗을 환영했습니다. 여인들은 다윗을 환영하면서 부른 노래가 사울 왕의 질투를 유발시켰고, 결국 불행을 초래하는 내용이 기록되어 있습니다. "여인들이 뛰놀며 창화하여 가로되 사울의 죽인 자는 천천이요 다윗은 만만이로다 한지라"(사무엘상 18:7). 무슨 말입니까? 전쟁에서 다윗이 죽인 자는 만만이고, 사울이 죽인 자는 천천이라고 노래합니다. 사울에게 이 노래가 비극의 발단이 되었습니다. 물론 다윗이 크고 놀라운 일을 한 것은 사실입니다. 그러나 왕이 바로 옆에 있는데 왕을 무시하고 다윗을 높였으니 이것은 충분히 질투를 유발시킬만한 원인이 됩니다. 현재의 실권자는 사울 왕입니다. 그런데 사울에 대해서는 천천이고 다윗에게는 만만을 돌렸으니 왕의 체면이 구겨지고 말았습니다. 즉각 사울의 반응이 나타났습니다. "사울이 이 말에 불쾌하여 심히 노하여 가로되 다윗에게는 만만을 돌리고 내게는 천천만 돌리니 그의 더 얻을 것이 나라밖에 무엇이냐 하고 그 날 후로 사울이 다윗을 주목하였더라"(사무엘상 18:8-9). 사울이 이 노래에 불쾌하여 분노가 폭발하고 말았습니다. 아마 사울은 이런 생각을 했을 것입니다. "다윗에게는 만만을 돌리고 왕인 나에게는 천천만 돌리다니. 그렇다면 다윗이 이 다음에 노리는 것은 왕의 보좌인 내 자리밖에는 없겠구나!" 분노가 다윗에게로 향하고 말았습니다. 다윗이 목숨을 걸고 골리앗을 물리치고 위기에서 나라를 구했으나 오히려 여인들의 노래 때문에 위험에 처하게 되었습니다. 이때부터 사울은 평생을 질투의 화신으로 살아가게 됩니다. 그의 전 생애가 왜곡되고 변질되는 비극의 발단이라고 할 수 있습니다. 질투는 이처럼 무서운 것입니다. 결국 질투는 죄가 됩니다. 하나님의 백성인 우리는 평생 이 질투와 싸우며, 질투를 극복하는 인격자가 되어야 합니다. 질투를 극복하는 자가 승리자가 될 것입니다.

1. 질투는 열등감에서 옵니다.

사울은 왕입니다. 제1인자의 자리에 있습니다. 반면 다윗은 골리앗을 물리친 영웅이지만 아직은 소년이요, 사울 왕에게는 아들과 같은 사람입니다. 그러므로 백성들이 다윗은 만만이요, 사울을 천천이라고 노래 불러도 그저 다윗을 칭송하고 그의 공을 인정하기 위한 마음에서 나오는 감사요 환호라고 생각하면 됩니다. 모든 실권을 사울 왕 자신이 가지고 있기 때문입니다. 왕으로서 다윗과 같은 용사들을 잘 관리하고 활용한다면 결국 자신의 자리가 더욱 더 탄탄해지고 강화되지 않겠습니까? 그런데 사울은 다윗을 질투하기 시작했습니다.

백성들, 특히 여인들의 노래가 화근이 되었습니다. 우리가 여기에서 배울 것은 매사에 조금 더 생각하고 조심성 있게 행동해야 한다는 점입니다. 사울은 실권을 가진 통치자요 왕입니다. 그런데 그 왕을 제쳐두고 '사울은 천천이요 다윗은 만만이라' 했으니 왕의 체면이 완전히 구겨진 것입니다. 이것은 왕에 대한 예우가 아닙니다. 다윗은 참으로 공이 크고 장래가 촉망되는 사람입니다. 그렇다면 다윗을 사랑하고 아끼되 지혜롭게 지켜보며 관심을 가져야 했습니다. 우리가 진정으로 아끼고 존경하는 사람이 있으면, 그 앞에서 지나치게 자랑하면 안 됩니다. 지켜보면서 기도하고 격려해 주어야 합니다. 조금 잘한다고 그만 넘어가고, 특히 자기에게 관심을 많이 가져주고, 조금 잘 대해 준다고 입이 마르도록 자랑하고, 최고라고 선전하면 결국은 그 사람을 죽이는 것이 됩니다. 또한 그 사람의 성장을 멈추게 하는 것입니다.

조선 시대의 충신 조광조가 왜 죽었습니까? 백성들과 모든 신료들이 조광조를 지나치게 따랐으며, 그의 인기는 치솟았습니다. 그때 시기하고 질투하던 소인배 무리들이 중종의 마음을 자극하여 그를 죽이게 된 것입니다. 결국 왕의 마음에 질투심을 유발시킨 것입니다. 그 질투가 결국 충신을 죽음으로 몰아가고 말았습니다.

그러나 여기서 더 문제가 되는 것은 바로 사울 왕의 열등감입니다. 사울은 지금 당당한 왕입니다. 하나님이 기름 부어 세우신 정통성을 가진 왕입니다. 그러면 당당하게 왕으로 행세하면 됩니다. 그런데 그는 다윗에게 만을 자기에게 천을 돌리자 열등감을 가지게 되었습니다. 그래서 나온 반응이 이렇습니다. "그의 얻을 것이 나라밖에 무엇이냐?" 이 질투심이 어디에서 나왔습니까? 바로 열등감에서 왔습니다. 사울 왕은 자신의 장점이 있습니다. 그 역시 용사요 능력 있는 지도자입니다. 그러면 사울은 열등감에 빠질 것이 아니라 자기의 가능성을 계발하고 사용하면 됩니다. 그런데 그는 질투하기 시작하면서 자신의 장점을 더 이상 계발하지 못하는 불행을 초래하고 맙니다.

성도 여러분, 우리 모두는 하나님이 주신 장점, 즉 좋은 가능성을 가지고 있습니다. 사울이 처음 등장할 때에 그는 왕으로서 자격을 갖춘 출중한 사람이었습니다. 재주와 재능이 있고, 뛰어난 달란트도 가지고 있는 아주 훌륭한 사람이었습니다. 성경은 그를 이렇게 묘사했습니다. "기스가 아들이 있으니 그 이름은 사울이요 준수한 소년이라 이스라엘 자손 중에 그보다 더 준수한 자가 없고 키는 모든 백성보다 어깨 위는 더하더라"(사무엘상 9:2). 사울 왕 그는 준수했습니다. 미남인데다 키도 컸습니다. 다른 사람과 나란히 있으면 사울의 어깨에 닿았습니다. 아주 준수한 체격을 가진 뛰어난 미남이었습니다.

그 뿐만 아니라 사무엘상 9장에 보면, 사울의 아버지가 암나귀 하나를 잃게 되자 아들 사울에게 찾으라고 합니다. 그가 암나귀를 찾던 중에 도상에서 하나님의 사람 선지자를 만납니다. 그는 선견자를 만날 때에도 하나님의 종에 대한 예의를 깍듯이 갖추어 겸손히 만납니다. 그는 아주 예의 바른 믿음의 사람이었습니다. 나중에 사무엘이 그를 왕의 후보로 피택하고, 드디어 기름을 부으려고 했을 때의 사울의 반응은 아주 인상적입니다. 사람들이 자기를 찾자 아예 숨어버렸습니다. 겨우 짐 속에 있는 그를 찾아내었습니다. 이처럼 그는 아주 겸손하고 겸비한 사람이었습니다. 드디어 그가 왕이 되어 몇 차례에 걸쳐 전쟁을 치르는 가운데 그는 뛰어난 지략과 놀라운 통솔력을 발휘합니다. 그에게는 리더십과 지혜가 있었고, 여러 면에 있어서 많은 조건을 갖춘 훌륭한 사람이었습니다.

그런데 놀라운 사실은 사울이 다윗을 질투하는 순간부터 사울이 가졌던 모든 장점이 다 사장되고 말았습니다. 더 이상 그가 가진 좋은 점들을 계발하지 못하게 됩니다. 그는 더 이상 리더로서 성숙해 가지 못하는 모습을 볼 수 있습니다. 성도 여러분, 이런 유형의 사건들은 우리의 삶 속에서 언제든지 일어날 수 있습니다.

우리는 이런 열등감의 콤플렉스를 극복해야 합니다. 미국의 남자 대학생 90%, 여자 대학생 91%가 정신적·신체적 열등감을 가지고 있다는 조사가 나왔습니다. 놀랍지 않습니까? 모두가 자기 나름대로의 콤플렉스를 가지고 있습니다. 여러분, 열등감이 없는 사람은 없습니다. 중요한 것은 열등감을 어떻게 극복하느냐가 문제입니다.

여러분이 잘 아시는 대로 "내 사전에 불가능이란 없다."고 온 세계를 향해서 큰 소리를 쳤던 나폴레옹의 신장은 155cm, 그리고 중국의 유명한 등소평이라는 분은 150cm입니다. 그러나 등소평은 12억이나 되는 중국을 그 어려운 도탄에서 건지는 세계적인 지도자가 되었습니다. 한번은 모택동은 중국 공산당 정책 위원회에서 아주 중요한 결의를 하게 되었습니다. 그 회의에서 만장일치로 결의할 때 "우리 기립, 기립하여 찬성을 표하십시다." 하며 모두 일어섰습니다. 그런데 등소평은 일어났는지 앉았는지 알 수 없었습니다. 그래서 "가만있자. 다 일어나지 않은 것 같은데요?" 그러자 등소평은 의자 위에 올라서서 말했다고 합니다. "저도 일어섰습니다." 만약 등소평이 자신의 키에 대한 콤플렉스에 걸려 살았다면 그는 영영 구제불능의 사람이 되었을 것입니다. 그러나 그는 이것을 넘어설 수 있었습니다. 그는 질투의 포로가 되지 않고 그의 열등감을 극복함으로 오늘날에 중국의 초석을 놓은 인물이 되었습니다. 발명왕 에디슨도 얼마나 우둔하고 지능이 떨어졌던지 초등학교에서 퇴학을 당했습니다. 이런 그가 1,000가지 이상의 발명을 하는 발명왕이 되었습니다.

성경에 나타난 인물 중에서도 사도 바울 역시 육체의 가시, 사탄의 사자가 있다고 말합니다. 그러나 그는 믿음으로 극복하고 정상적인 사람이 하지 못하는 하나님의 위대한 일을 이루는 인물이 되었습니다.

성도 여러분, 질투는 열등감에서 옵니다. 우리를 괴롭히는 콤플렉스는 누구에게나 다 있습니다. 나름대로 약점이 있고, 콤플렉스가 있고, 열등의식도 있습니다. 우리는 이것을 잘 극복해야 합니다. 우리는 하나님이 내게 주신 장점과 달란트를 잘 계발하여 질투를 극복하고 성공적인 삶을 사는 인격자가 됩시다.

2. 질투는 삶의 균형을 깨뜨립니다.

"그 날 후로 사울이 다윗을 주목하였더라"(사무엘상 18:9). 정확한 번역은? "그 날 후로 사울이 다윗을 질투하는 눈으로 주목하였더라" 입니다. NIV 영어 번역에도 이 부분을 이렇게 표현했습니다. "Saul kept a jealous eye on David." 사울이 다윗을 질투의 눈동자로 주목했습니다. '주목하다' (עוּן, 눈)는 말은 의심에 찬 눈으로 관찰하면서 왕권 수호 차원에서 정치적·군사적으로 경계하기 시작했다는 말입니다. 사울은 그 때에만 주목했다는 것이 아닙니다. 그날 이후로 평생동안 질투라는 늪 속으로 빠져들어 헤어나지 못하는 인생을 살아갔습니다. 이렇게 되자 사울은 삶의 균형을 잃어버렸습니다. 왕으로서 할 일이 얼마나 많습니까? 그런데 사울은 질투의 화신이 된 후부터 그의 평생을 다윗을 없애려는 일에 모든 시간을 보내다시피 합니다. 나중에는 악신에 걸려 고생하면서도 죽기 전까지 다윗을 없애려고 했습니다.

그러므로 질투는 우리의 삶의 균형을 깨뜨리고, 일상적인 삶을 빼앗아 가버리는 무서운 죄악입니다. 질투가 무서운 것은 여기에 아주 강력한 감정(strong emotion)을 동반하고 있기 때문입니다. 그러므로 질투를 하기 시작하면 주야로 질투의 대상만 생각납니다. 오직 주야로 주님을 생각하고, 주야로 하나님의 말씀을 묵상해야 할 사람이 계속 질투의 대상만을 생각하게 됩니다. 심지어 자다가도 생각이 납니다. 여기에서 헤어날 수 없게 됩니다. 하나님의 백성은 자나깨나, 앉으나 서나, 오직 주님만 생각하고 주님만 바라보아야 합니다. 그런데 질투의 포로가 되어 버리면, 평생 질투의 대상에 대한 시기와 미운 감정의 늪 속에 빠져서 허우적거리는 인생이 되고 맙니다. 얼마나 비참하며 비정상적인 생활입니까? 질투에 빠지면 자기 자신의 삶의 균형을 잃어버리고 모든 것이 마비되고 맙니다. 자신이 해야 할 일도 못하고 비참하게 됩니다.

사무엘상 24장을 봅시다. 이스라엘과 블레셋 사이에서 전쟁이 있어 사울 왕이 총지휘자로 출전했을 때 전령이 소식을 가지고 옵니다. 그것은 사울이 계속 쫓아다니던 다윗이 가까이에 있다는 소식이었습니다. 이 소식을 듣자마자 사울은 전쟁을 하다 말고 다윗을 잡으러 쫓아갑니다. 이것은 누가 들어도 우스운 이야기입니다. 지금은 나라와 나라가 서로 대치해서 전쟁을 하는 중입니다. 그런데 왕이 사사로운 일 때문에 전쟁을 중단하고 다윗을 잡으러 쫓아갑니다.

그만큼 질투가 무섭다는 것을 보여줍니다. 질투는 우리의 일상적 삶을 마비시켜 버립니다. 질투는 질투의 대상 외에는 나로 하여금 어떤 것에도 집중하지 못하게 하는 강력한 감정의 힘을 가지고 있습니다. 그래서 일상적인 삶을 제대로 살지 못하게 만들어 버립니다. 즉 삶의 균형을 깨뜨려 버립니다.

오스트리아 비엔나의 궁중악사였던 안토니오 살리에리라는 사람이 있습니다. 이 사람도 훌륭한 음악가로 인정받았습니다. 그런데 어느 날, 그가 발견했던 십대의 소년을 만납니다. 바로 천재적인 재능을 가지고 있었던 볼프강 아마데우스 모차르트였습니다. 그러나 안토니오 살리에리는 천재 소년 모차르트를 발견한 그 순간부터 질투의 감정이 끓어오르기 시작합니다. 그때부터 안토니오 살리에리의 인생이 무너지기 시작합니다. 그의 삶의 균형이 흔들리기 시작했습니다. 사실 그도 충분한 가능성을 가진 음악가였음에도 불구하고 질투가 그를 사로잡게 되자, 더 이상 그의 장점과 은사는 계발되지 못했습니다. 그때부터 그의 인생은 비극적인 퇴락을 하기 시작했습니다. 결국 모짜르트를 질투했던 안토니오 살리에리는 미쳐 버립니다. 이 사람 역시 신앙인이었으나 마지막에는 하나님을 저주했습니다. "하나님, 왜 모짜르트에게는 저런 은사를 주시고 나에게는 안 주셨습니까?" 질투는 무서운 것입니다. 모든 질투는 열등감에서 나옵니다. 질투하기 시작하면 모든 가능성이 사라집니다. 질투는 우리의 가능성을 사장시킬 수밖에 없는 죄악임을 기억해야 합니다.

그러므로 성도 여러분, 우리는 열등감의 포로에서 벗어나야 합니다. 하나님께서 내게 주신 장점을 살리고 내게 주신 달란트를 계발해야 합니다. 질투는 우리의 일상적인 삶을 빼앗고 사람의 균형을 빼앗아 버리는 무서운 죄임을 알아야 합니다.

3. 질투는 자신을 파멸시킵니다.

질투는 우리의 삶을 파괴시키는 죄악입니다. 다윗을 질투하며 평생 질투의 화신으로 살았던 사울의 최후가 어떻게 끝납니까? 그에게 지혜는 점점 사라지고, 악신의 포로가 되어 무력한 왕이 되어 갑니다. 하나님의 신이 그를 떠나셨습니다. 그는 길보아 전쟁에서 패배하고 적군 앞에 포로가 될 무렵, 옆에 있던 병사의 칼에 엎드려 스스로 자살해 버리는 비극으로 일생을 마무리합니다. 질투가 얼마나 무서운 결과를 초래합니까? 그래서 성경은 질투의 배후에는 악령이 있다고 가르칩니다. 본문의 사무엘상 18:10-11의 말씀입니다. "그 이튿날 하나님의 부리신 악신이 사울에게 힘있게 내리매 그가 집 가운데서 야료하는고로 다윗이 평일과 같이 손으로 수금을 타는데 때에 사울의 손에 창이 있는지라 그가 스스로 이르기를 내가 다윗을 벽에 박으리라 하고 그 창을 던졌으나 다윗이 그 앞에서 두 번 피하였더라"

악신이 사울에게 임하자 이 악한 신이 사울을 충동질하기 시작했습니다. 사울이 집 안에서 '야로했다'는 말은 원래 'עי'(이트나베)로 '예언하다'는 말입니다. 그러나 여기서는 사울이 악신에 사로잡혀 무슨 말인지도 모르고 미친 사람처럼 마구 소리를 지르며 내뱉는 헛소리를 말합니다. 이것이 악신에 걸린 사울의 비참한 모습입니다. 그래서 그는 자기를 위해 수금을 타는 다윗을 죽이려고 창을 던졌습니다. 사울이 두 번이나 시도했지만 실패했습니다. 하나님의 신이 함께 하는 다윗을 악신에 사로잡힌 사울이 이길 수 없는 일입니다. 우리가 여기서 생각할 것은 바로 질투의 배후에는 악신이 있다는 사실입니다.

성경은 말씀합니다. "그러나 너희 마음속에 독한 시기와 다툼이 있으면 자랑하지 말라 진리를 거스려 거짓하지 말라 이러한 지혜는 위로부터 내려온 것이 아니요 세상적이요 정욕적이요 마귀적이니 시기와 다툼이 있는 곳에는 요란과 모든 악한 일이 있음이니라"(야고보서 3:14-16). 성경의 가르침은 시기하고 질투하는 것은 위로부터 내려온 것이 아니라고 합니다. 시기와 질투는 하나님이 주신 것이 아닙니다. 위로부터 내려온 것이 아니요, 세상적이요 정욕적이요 마귀적이라고 합니다. 이 질투의 배후에는 악한 영, 사단의 영이 있다는 사실을 우리는 기억해야 합니다. 그래서 결국 사단이 노리는 것이 무엇입니까? 그것은 질투하는 사람을 파괴시키는 것입니다. 사람들은 이것을 모르고 다 속아 넘어갑니다. 우리는 질투가 생길 때 재빨리 깨달아야 합니다. 이 사실을 바로 알 때 우리는 마귀를 물리치고 질투의 올무에서 벗어날 수 있습니다.

세익스피어의 유명한 4대 비극 가운데 나오는 「오델로」의 이야기입니다. 「오델로」의 말을 잡고 다니는 기수 이야고라는 친구가 있습니다. 이 사람은 자기가 「오델로」의 부관이 될 것으로 생각하고 있었는데 다른 사람이 되었습니다. 이야고는 이때부터 화가 나기 시작해서 자기의 주인을 파괴하려는 음모를 꾸미게 됩니다. 이야고는 주인인 「오델로」가 그의 아내 데스데모나를 의심하게 만듭니다. 「오델로」로 하여금 부관 캐서와 어떤 부정한 관계가 있는 것처럼 계속 의심하게 만듭니다. 계속 의심에 쫓기던 「오델로」는 마침내 질투의 영이 타오르자, 더 이상 견디지 못하고 아내 데스데모나를 찔러 살해하고 맙니다. 마침내 자신도 찔러 죽어 가는 비극적인 이야기입니다.

성도 여러분, 질투는 나를 파멸시키고 결국 나를 죽이는 것입니다. 이 배후에는 사단의 음모가 도사리고 있다는 사실을 우리는 알아야 합니다. 이 사단의 음흉한 배후를 모르기 때문에 많은 사람들이 자기를 파멸시키는 길을 걸어가고 있습니다. 질투는 우리 모두를 파멸시키는 무서운 죄악입니다. 사람은 누구나 다 질투를 느끼는 순간들을 경험하게 됩니다. 그때 우리는 '마귀가 나를 파멸시키려고 하는 것임을 즉각 깨달아야 합니다. 결국 질투는 나를 파멸시키는 무서운 죄임을 알고 우리는 질투의 배후에 도사리고 있는 마귀를 경계해야 합니다.

4. 그러면 질투를 어떻게 극복할 수 있습니까?

1) 하나님이 내게 주신 사명감을 회복해야 합니다.

하나님께서 다른 사람 아닌 내게만 주신 사명이 있습니다. 우리는 그것을 회복해야 합니다. 다른 말로 하면, 우리는 자신감을 회복해야 한다는 말입니다. 우리는 하나님의 형상대로 지음 받은 존재들입니다. 우리에게는 하나님께서 내게만 주신 달란트가 있습니다. 우리는 나의 자존심을 회복해야 합니다. 하나님이 주신 내 자신이 되어야 합니다. 나는 하나님이 나에게 주신 것으로 내 인생을 열심히 믿음으로 살아가면 성공하는 것임을 알아야 합니다. 내가 다른 사람이 되려고 하지 말고, 나 자신이 되어야 합니다. 질투라는 것은 결국 내가 갖지 못한 것, 남이 가지고 있는 것에 대한 시기입니다. 우리에게는 남이 가지지 못한 나만이 가지고 있는 장점들이 있습니다. 바로 나의 장점과 은사를 계발시키며 살아가면 됩니다. 그런데 계속 다른 사람이 가진 것만 바라보고 부러워하면서 비교하게 되면 질투가 생기게 됩니다. 질투를 극복하려면 먼저 이 비교 의식에서 벗어나야 합니다. 계속 다른 사람을 생각하며 비교할 필요가 없습니다. 오히려 우리는 적극적으로 생각해야 합니다. 하나님이 "나와 똑같이 만들어 주신 존재는 한 사람도 없다. 나는 매우 독특한 존재다."라는 창조의식을 가져야 합니다.

말콤 엑스라는 사람은 미국에 살고 있는 흑인들이 그들 흑인들 중에서 가장 존경하는 사람 가운데 한 사람입니다. 말콤 엑스 역시 그가 어렸을 때에 흑인으로 태어난 것이 너무 원망스러웠습니다. 그래서 자기 마음속에 백인을 향한 증오심이 자라나게 되어 백인을 미워했습니다. 그런데 백인을 미워하면서도 이 사람의 마음속 깊은 곳에 있는 소원은 백인같이 되고 싶은 것이었습니다. 그래서 어렸을 때에 비누나 스킨, 크림 등으로 계속 피부를 문질러댔습니다. 이유는 새까만 피부색을 지우고 하얀 사람이 되고 싶어서입니다. 머리를 지져도 보고, 볶아도 보고, 염색도 해보았습니다. 자기도 백인처럼 되고, 그리고 백인에게 복수하기 위해서입니다. 그런데 마음대로 되지 않았습니다. 그러던 어느 날 말콤 엑스가 갑자기 중요한 생각을 하기 시작합니다. "나는 백인이 될 수 없다. 나는 흑인이어야 한다." 그리고 더 중요한 발견은 "흑인 나름대로 이 까만 것도 아름다울 수가 있다." 는 사실을 알게 되었습니다. 그는 흑인 사회에 이런 말을 유행시킵니다. "Black is beautiful"(까만 것도 아름답다.) 검정색도 아름답습니다. 사실 검정색은 나름대로 아주 고상한 색깔입니다. 검정색은 예복으로 가장 화려한 색깔입니다.

성도 여러분, 우리는 모두 자신만이 가진 독특한 아름다움이 있습니다. 혼자만이 가진 독특한 은사가 있고 재능이 있습니다. 나는 그것으로 내 인생을 살면 되는 것입니다. 우리가 굳이 다른 사람을 질투하고 시기할 아무런 이유가 없습니다. 우리는 비록 유명한 파바로티나 도밍고 같은 음악가는 아니라도 매 주일 전능하신 하나님 앞에 찬양 드리는 사람으로 쓰임 받으면 됩니다. 비록 유명한 교수는 아니라도 어린 영혼들을 말씀으로 가르치는 교사로 쓰임을 받으면 되고, TV에 나오는 일류 요리사는 아니라도 교회에서 예배에 참석하는 성도들에게 정성껏 만든 음식으로 대접하는 식당 봉사자로 쓰임 받는 것에 만족하면 됩니다. 아무리 유명한 사람이라도 찬양대원이 되지 못하고, 아무리 유명한 석학이라도 성경말씀을 가르치는 교사가 되지 못하고, 아무리 유명한 요리사라도 교회 식당에서 봉사할 수 있는 영광을 누릴 수 없습니다. 그런데 우리는 하고 있습니다. 이 하나님이 주신 나의 일에 우리가 감사와 행복함으로 섬기면 이것이야말로 축복이며 영광임을 믿으시길 바랍니다.

성도 여러분, 우리 모두 하나님이 내게 주신 사명, 내게 주신 은사를 가지고 주님 앞에서 쓰임 받는 인생을 살아갑시다. 우리는 여기에서 만족감을 얻고 질투에서 해방되는 축복된 삶을 살아갑시다.

2) 이웃을 칭찬하고 축복해야 합니다.

우리는 여기서 질투를 극복하는 길은 이웃을 칭찬하고 축복하는 일임을 알아야 합니다. 이웃을 사랑하고 키워주어야 합니다. 그리고 좋은 교제를 나누어야 합니다.

만약 다윗이 많은 사람의 박수를 받으면서 개선할 때 질투하지 않고 오히려 다윗의 위대한 용맹과 그의 업적을 칭찬했더라면 사울이 어떻게 되었겠습니까? "여러분, 다윗은 우리나라를 위기에서 구한 영웅입니다. 하나님께서 우리나라에 다윗과 같은 훌륭한 지도자를 주신 것은 우리 모두의 축복입니다. 저는 앞으로 다윗을 우리나라를 위해 중요한 인물로 쓰겠습니다. 우리의 영웅 다윗을 주신 하나님을 찬양합시다. 여러분, 다윗을 위해 많은 기도를 해주십시오. 그리고 앞으로 다윗과 같은 인물이 더 많이 나올 수 있도록 기도합시다." 다윗이 백성들에게 이렇게 외쳤다면, 백성들의 반응이 어떻게 나타났겠습니까? 그랬다면 역사는 바뀌었을 것입니다. 그런데 사울은 다윗을 축복하는 일, 즉 이웃을 축복하는 일을 하지 못했습니다. 이것이 그의 비극의 시작이었습니다. 질투를 극복하지 못한 사울은 다윗을 죽이려 했습니다. 사울은 다윗을 자기에게서 떠나게 했습니다. "여호와께서 사울을 떠나 다윗과 함께 계시므로 사울이 그를 두려워한지라"(사무엘상 18:12). 하나님이 사울을 떠났습니다. 하나님은 질투를 미워하시므로 질투하는 자 사울을 떠나가셨습니다. 하나님이 사울을 버리셨다는 말씀입니다.

그런데 하나님은 다윗과는 함께 하셨습니다. "그러므로 사울이 그로 자기를 떠나게 하고 천부장을 삼으매 그가 백성 앞에 출입하며 그 모든 일을 지혜롭게 행하니라 여호와께서 그와 함께 계시니라"(사무엘상 18:13-14). 사울과 다윗은 대조적입니다. 하나님은 사울을 버리시고 다윗과 함께 하셨습니다. 다윗을 향한 그 질투의 감정을 극복하지 못하고 계속 다윗을 죽이고 음모하고 파괴하기 위해서 달려갔던 사울의 일생은 비참하게 되었지만, 다윗은 자기를 죽이려는 사울의 질투를 받으면서도 끝까지 사울 왕을 섬겼습니다. 사울을 죽일 수 있는 절호의 기회가 왔지만 하나님의 기름 부음 받은 종이라 하여 손 대지 않았습니다. 이 다윗을 하나님은 사랑하셨고, 은혜를 베풀어 주셨습니다. 그 표현이 바로 '하나님이 다윗과 함께 계시더라' 입니다.

성도 여러분, 하나님께서 함께 하시면 모든 문제는 해결 됩니다. 모든 것을 하나님께서 책임져 주시기 때문입니다. 성도 여러분, 우리는 잘 보아야 합니다. 하나님은 끝까지 질투를 극복하지 못한 사울을 떠나셨습니다. 반면, 하나님은 그가 핍박과 많은 어려움을 당하면서도 원수를 축복하고, 사랑하고, 후원하고, 기도할 줄 알았고 질투를 극복한 그와 함께 하셨습니다. 다윗은 자신에게 주신 사명감을 회복하고 자신에게만 주신 독특한 그 일에 최선을 다했고, 이웃을 사랑하고 축복함으로 질투를 극복할 수 있었습니다. 하나님은 그에게 지혜와 비전과 용기를 주시고 마침내 나라를 맡기셨습니다.

성도 여러분, 예수님도 우리를 죄악에서 구원하시려고 이 땅에 내려오시어 십자가의 수난과 고통 속에서도 예수님만이 하실 수 있는 유일한 사명, 즉 인류 대속의 사명을 완수하셨습니다. 그리고 주님은 자신을 십자가에 못박고 자신을 배신하는 모든 원수들을 오히려 용서하시고 축복하셨습니다. "아버지, 저들이 하는 것을 모르오니 용서해 주시옵소서"

성도 여러분, 질투는 열등감에서 나옵니다. 질투는 삶의 균형을 깨뜨리고 자신을 파멸시킵니다. 그러므로 우리는 하나님이 내게 주신 사명감을 회복해야 합니다. 그리고 이웃을 칭찬하고 축복해야 합니다. 우리 주님의 마음을 본받으며 닮아가야 합니다. 우리 모두 우리의 평생 순간마다 질투를 극복하는 그리스도인의 인격을 만들어 가는 성도가 되지 않으시겠습니까? 아멘.

P·e·r·s·o·n·a·l·i·t·y·o·f·C·h·r·i·s·t·i·a·n

5

탐심을 버립시다

¹³무리 중에 한 사람이 이르되 선생님 내 형을 명하여 유업을 나와 나누게 하소서 하니 ¹⁴이르시되 이 사람아 누가 나를 너희의 재판장이나 물건 나누는 자로 세웠느냐 하시고 ¹⁵저희에게 이르시되 삼가 모든 탐심을 물리치라 사람의 생명이 그 소유의 넉넉한 데 있지 아니하니라 하시고 ¹⁶또 비유로 저희에게 일러 가라사대 한 부자가 그 밭에 소출이 풍성하매 ¹⁷심중에 생각하여 가로되 내가 곡식 쌓아 둘 곳이 없으니 어찌할꼬 하고 ¹⁸또 가로되 내가 이렇게 하리라 내 곳간을 헐고 더 크게 짓고 내 모든 곡식과 물건을 거기 쌓아 두리라 ¹⁹또 내가 내 영혼에게 이르되 영혼아 여러 해 쓸 물건을 많이 쌓아 두었으니 평안히 쉬고 먹고 마시고 즐거워하자 하리라 하되 ²⁰하나님은 이르시되 어리석은 자여 오늘밤에 네 영혼을 도로 찾으리니 그러면 네 예비한 것이 뉘 것이 되겠느냐 하셨으니 ²¹자기를 위하여 재물을 쌓아 두고 하나님께 대하여 부요치 못한 자가 이와 같으니라

누가복음 12:13-21

탐심을 버립시다

기독교인의 인격에 있어서 중요한 것은 탐심을 버리는 것입니다. 이 탐심 때문에 우리의 인격이 손상을 입고 신앙이 파괴되는 경우가 허다합니다. 탐심이라는 것은 인류의 가장 보편적인 죄악이라고 할 수 있습니다.

오늘 본문에 보면, 수많은 사람들 앞에서 예수님의 가르침이 계속되고 있습니다. 그런데 무리 가운데 한 사람이 갑자기 나와서 예수님께 질문을 합니다. "무리 중에 한 사람이 이르되 선생님 내 형을 명하여 유업을 나와 더불어 나누게 하소서"(누가복음 12:23). 아마 이 사람은 형제가 있었는데 그 형제의 부모, 혹은 아버지가 갑자기 세상을 떠난 것으로 보입니다. 그래서 아버지의 재산이 두 형제에게 공평하게 분배되어야 할텐데 그의 형이 동생 몫으로 돌아갈 유산까지도 착복한 것으로 짐작됩니다. 구약의 법에 의하면 장남은 언제나 다른 형제들보다 갑절을 가지도록 되어 있었습니다. 그런데 형은 3분의 2를 가지고 동생은 3분의 1로 나누는 것이 합당한 일인데, 아마 3분의 1마저 형이 가로챘던 것으로 보입니다. 그래서 그 억울한 감정을 예수님 앞에 나와서 호소하게 된 것입니다. "내 형에게 명령해서 유업을 나와 더불어 나누게 하소서" 그런데 예수님은 아주 의외의 대답을 하셨습니다. "이 사람아 누가 나를 너희의 재판장이나 물건 나누는 자로 세웠느냐"(누가복음 12:14). 이 말씀은 예수님은 공정한 분배에 대한 관심이 없다든지, 혹은 정의에 대한 무관심으로 해석하면 안 됩니다. 예수님의 관점은 보다 본질적인 문제라는 것을 알아야 합니다. 동생에게는 전혀 주지 않고 착복한 형이 잘못한 것은 사실입니다. 그러나 예수님은 이 말을 하는 동생의 마음 속 깊은 곳, 즉 동생이 이 말을 하게 된 동기까지도 살피셨습니다. 예수님은 이 사람도 그의 형 못지 않게 마음속에 동일한 생각을 가지고 있음을 아셨습니다. 예수님은 형의 탐심을 보시는 동시에, 억울함을 호소하면서 자기의 것을 달라고 요구하는 동생의 마음 속에도 형과 똑같은 탐심이 자리잡고 있다는 것을 간파하셨습니다. 그래서 예수님은 '삼가 모든 탐심을 물리치라'(누가복음 12:15)고 말씀하셨습니다. 탐심($\pi\lambda\epsilon ov\epsilon\xi\iota\alpha$)은 '더 많은'($\pi\lambda\epsilon\iota\omega v$)이란 말과 '소유하다'($\epsilon\chi\omega$)의 합성어로 '만족할 줄 모르는 욕심'을 말합니다. 이것은 꼭 물질에 대한 탐심만을 말하는 것이 아니라, 사람을 잘못된 방향으로 끌고 가는 모든 종류의 죄악 된 성향을 총칭한다고 보아야 합니다.

우리는 흔히 탐심하면 부자들에게만 있는 줄 생각합니다. 그러나 탐심은 부자들의 문제만이 아니라 부자를 비판하고 정죄하는 가난한 사람들의 마음속에도 똑같이 탐심이라는 내적인 죄악이 존재하고 있음을 기억해야 합니다. 그래서 예수님께서 '삼가 모든 탐심을 물리치라'고 하신 것은 부자와 가난한 사람, 우리 모두에게 하신 말씀입니다. 특히 탐심을 버리는 것은 그리스도를 닮아 가는 우리 기독교인들의 인격에 결정적인 영향을 미치는 문제입니다.

오늘 본문에서 예수님의 말씀은, 기독교인의 인격 속에 있는 모든 유형의 탐심을 물리치라는 것입니다. 왜냐하면 사람의 생명이 그 소유의 넉넉한 데 있지 않기 때문입니다. 여기서 예수님이 사용하신 생명이란 무엇을 말합니까? 생명은 하나님의 생명, 곧 영생을 말합니다. 그냥 우리를 존재케 하는 생물학적인 생명이라는 단어가 아니라, 어떤 기쁨, 보람, 의미들을 말하는 질적인 생명, 참된 행복, 영원한 행복을 보장하는 생명입니다. 이것은 이 세상 사람이 줄 수 있는 것이 아닙니다. 하나님만이 주실 수 있는 것입니다. 예수님께서 한 어리석은 부자의 비유를 말씀하시면서 우리가 어떻게 탐심을 물리칠 수 있는가에 대한 교훈을 가르쳐 주십니다.

1. 탐심은 우리의 자기 중심, 즉 이기심에서 나옵니다.

"또 비유로 저희에게 일러 가라사대 한 부자가 그 밭에 소출이 풍성하매 심중에 생각하여 가로되 내가 곡식 쌓아 둘 곳이 없으니 어찌할꼬 하고 또 가로되 내가 이렇게 하리라 내 곡간을 헐고 더 크게 짓고 내 모든 곡식과 물건을 거기 쌓아 두리라 또 내가 내 영혼에게 이르되 영혼아 여러 해 쓸 물건을 많이 쌓아 두었으니 평안히 쉬고 먹고 마시고 즐거워하자 하리라 하되"(누가복음 12:16-19). 이 짤막한 독백 중에서 지속적으로 반복되는 단어 하나가 있습니다. 어떤 단어입니까? '나'라는 단어입니다. 1인칭 대명사가 지속적으로 등장합니다. "**내**가 곡식 쌓아 둘 곳이 없으니 어찌할꼬", "**내**가 이렇게 하리라", "**내** 곡간을 헐고", "**내** 모든 곡식과 물건을 거기 쌓아두리라", "**내**가 내 영혼에게…". 우리 말 번역에서도 여섯 번씩이나 '나'라는 단어가 지속적으로 등장합니다. 원문에는 이보다 훨씬 자주 등장합니다. 여기서 우리는 이 어리석은 부자의 의식 속에 얼마나 철저하게 자기 중심의 세계가 자리잡고 있는지를 볼 수 있습니다. 아무리 재물이 많아도 채워지지 않는 인간 영혼의 갈증을 보여줍니다.

사람이 자기를 위한다든지, 자기의 이익을 추구한다든지, 자기를 존귀히 여기는 그 자체를 정죄할 필요는 없습니다. 그것은 지극히 자연스러운 것입니다. 자기를 위하는 것은 죄악이 아닙니다. 그러나 자기만 위하는 것은 죄악입니다. 이때부터 우리는 탐심이라는 늪 속에 빠져들기 시작합니다. 그때부터 우리는 탐심의 지배를 받기 시작합니다. 그리고 일단 우리가 탐심의 지배를 받게 되면 우리는 치유하기 어려운 병적인 이기주의자가 될 수 있습니다. "또 가로되 내가 이렇게 하리라 내 곳간을 헐고 더 크게 짓고 내 모든 곡식과 물건을 거기 쌓아 두리라"(누가복음 12:18). 역시 채워지지 않는 인간의 탐심을 볼 수 있습니다. 브레이크가 고장난 자동차처럼 탐심은 멈출 줄을 모릅니다. "더 많은 물건, 더 많은 곡식, 더·더·더…." 이것이 바로 병적인 이기주의자의 삶의 모습인 것을 볼 수 있습니다.

욕심과 탐심은 끝이 없습니다. 성경에서 지옥을 묘사할 때 이 지옥을 다른 말로 '무저갱'이라고 말합니다. 무저갱이 무엇입니까? 무저갱으로 번역된 단어는 'Abussos'(아부소스) 또는 'Abyss'(아비쓰)입니다. 여기에는 바닥이 없습니다. 바닥이 없는 깊은 심연, 끝없는 욕망의 세계, 그 욕망을 충족하지 못한 사람들이 지옥에 가서도 '더더' 하고 목마르게 소리치는 불만의 감옥이 지옥의 정체라고 성경은 그리고 있습니다. 이처럼 세상 사람들의 탐욕은 끝이 없습니다.

유명한 세계적인 부호인 존 록펠러가 신문 기자와 인터뷰를 갖게 되었는데 한 기자가 이렇게 물었다고 합니다. "당신은 참 부자인데 당신이 축적한 이 모든 재물로 만족하십니까?" 그가 대답하기를 천만의 말씀입니다. 그러면 얼마나 더 가져야 만족하시겠습니까? 그러자 록펠러가 이런 유명한 대답을 했습니다. "Just little more"(조금만 더).

우리 서민들도 욕심이 있습니다. 전세나 월세로 살 때에는 "13평이라도 좋으니 내 집만 있으면 소원이 없겠다."고 합니다. 그런데 13평 아파트에서 살게 되면 이제는 20평, 그런데 20평에서도 멈출 줄 모릅니다. 30평, 40평, 50평, 60평, 아니 이제는 90평을 생각합니다. 이것이 우리의 탐심입니다.

권력을 가진 사람의 욕심은 온 천하를 다 얻어도 채워지지 않습니다. 그래서 죽어도 오직 권세만을 목표로 합니다. 명예욕도 정말 무서운 것입니다. "조금만 더. 조금만 더." 그래서 헤어 나오기 어려운 이 죄악의 정체 이것이 바로 탐심입니다. 결국 탐심은 우리의 이기심을 끝없이 살찌우는 죄악입니다.

그러면 어떤 사람은 반론합니다. "우리는 아무런 비전도 목표도 꿈도 없이 살아가라는 말입니까?" 아닙니다. 성경의 가르침은 비전과 목표를 가지라고 합니다. 우리는 목표와 비전을 가지고 살아가야 합니다. 더 넓고 좋은 공간에 살면 편하고 건강에도 좋습니다. 돈이 많으면 주의 일이나 선한 일을 많이 할 수 있어 좋습니다. 더 높고 좋은 지위에 있으면 그 자리에서 하나님의 영광을 나타내고, 의로운 일과 주의 일도 많이 할 수 있습니다. 그러나 우리가 오직 자기만을 위해 더 좋은 환경, 더 많은 물질, 더 높은 지위를 목표로 한다면 이것은 탐욕입니다. 탐심은 자기 중심, 즉 이기주의에서 나옵니다. 이것을 우리는 경계해야 합니다.

2. 탐심은 이웃에 대한 사랑을 무시하는 것입니다.

탐심은 이웃을 향해서 문을 닫아버리게 만드는 죄악입니다. 오늘 본문에 나타난 부자의 말을 보면 이웃에 대하여는 전혀 언급이 없습니다. "심중에 생각하여 가로되 내가 곡식 쌓아 둘 곳이 없으니 어찌할꼬 하고 또 가로되 내가 이렇게 하리라 내 곡간을 헐고 더 크게 짓고 내 모든 곡식과 물건을 거기 쌓아 두리라 또 내가 내 영혼에게 이르되 영혼아 여러 해 쓸 물건을 많이 쌓아 두었으니 평안히 쉬고 먹고 마시고 즐거워하자 하리라 하되"(누가복음 12:17-19). 오직 "내가 이렇게 하리라", "내가 이 곡식을 어찌할꼬", "내 곡간을 헐고", "내 곡식과", "내 물건을 거기 쌓아 두리라", "내가 내 영혼에게 이르되" 이 부자의 독백속에는 당신이라는 말이 존재할 여백이 없다는 사실을 확인할 수 있습니다. 이 부자의 세계는 네가 없는 나만의 세계였습니다.

유명한 유대교 출신의 철학자 가운데 마틴 부버라는 사람이 「나와 너」라는 명저를 펴냈는데 여기에서 그는 이런 얘기를 합니다. "당신이 존재함으로써 비로소 나는 존재한다. 당신이 있기 때문에 나는 존재할 의미를 가질 수 있다." 인간은 '관계 속의 존재'라는 사실입니다. 그렇습니다. 우리 인생은 혼자서는 살아갈 수 없습니다. 우리 모두는 직접적으로든 간접적으로든 이웃의 도움을 받으며 살아갑니다. 이웃의 도움 없이 우리 혼자서는 도저히 살아갈 수 없습니다. 누군가가 농사를 지어주었기 때문에 곡식을 구입해서 먹을 수 있습니다. 생선을 잡는 어부가 있으므로 우리가 생선을 먹을 수 있습니다. 옷을 만들어 주는 사람이 있으므로 우리가 옷을 취향에 맞게 골라서 입습니다. 또한 지하철, 버스, 자동차, 비행기도 만들어 주고 운행하는 사람들이 있으므로 우리가 편하게 살아 갈 수 있습니다. 우리 힘으로 어떻게 모든 것을 다 해결할 수 있겠습니까? 그것은 불가능합니다.

오늘 본문에 나타난 이 어리석은 부자 농부 역시 많은 수확을 얻고 큰 성공을 얻기까지 자기 혼자만의 힘으로만 한 것이 아닙니다. 그 부자도 많은 사람의 도움을 받았습니다. 넓은 밭에 씨를 뿌린 사람들도 있었고, 농사를 짓기 위해 필요한 농기구를 만드는 사람의 도움이 있었으므로 이것을 구입하여 농사에 활용했을 것입니다. 그가 부렸던 소나 말을 정성스럽게 키워놓은 어떤 가축 사육자들도 있었을 것입니다. 그가 그의 농사일을 확장하려고 곡간을 크게 짓기 위해, 아마 은행이라는 이웃들로부터 은행 융자를 얻는 도움을 받았을 수도 있습니다. 그의 밭을 일구는 작업을 위해 많은 소작인과 그의 주변 동료 이웃들의 도움을 받았을 것입니다. 그럼에도 불구하고 이 부자의 마음에는 오직 자신밖에 없습니다. 나만 잘 살면 그만이라는 생각입니다. 이웃은 살든 죽든 아무런 상관이 없다는 말입니다. 이런 사람은 이웃이 어떤 불행한 일을 당하든지 이웃이 어떻게 되든지 나와는 전혀 상관없는 사람들의 얘기에 불과합니다.

지구에는 60억의 인구가 살아가고 있습니다. 그런데 60억의 인구 가운데 약 10분의 1인 6억 가량은 매일 밤마다 채워지지 못한 창자를 붙들고 잠자리에 든다는 사실을 여러분은 아십니까? 이 세상에는 날마다 약 4만 명은 기아로 죽어가고 있다는 사실을 여러분은 알고 계십니까? 이 세상에 태어나는 약 100명의 아기 가운데 약 40명 정도는 영양실조로 회복 불가능의 육체적·정신적 장애를 안고 한 평생을 살아가고 있다는 사실을 아십니까? 매년 10만 명에 달하는 어린 아이들이 비타민 A의 결핍으로 시각장애인이 되어가고 있는 세상입니다. 매년 아프리카에 갈 때마다 그곳에 살고 있는 사람들, 맨발로 다니는 흑인 아이들을 볼 때에 우리는 너무나 풍족하고 편하게 살고 있다는 생각을 하게 됩니다. 그때마다 많은 것은 아니지만 꼭 조금씩 나누어주고 격려를 합니다. 금번에 의료 선교를 갔을 때에 병든 그들을 진단하고 처방해 주는 과정을 지켜보았습니다. 가난한데다 병까지 얻었지만 제대로 병원에도 가지 못하고, 심지어는 조제한 약을 넣을 종이가 떨어졌어도 구할 수가 없었습니다. 전도사의 가정에도 없었고, 문방구에 가려면 수 십리를 차를 타고 가야 했습니다. 할 수 없이 진단만 하고 약은 요하네스버그로 돌아와 다음 주일에 선교사 편으로 전달했습니다. 우리 주위에는 우리의 도움을 필요로 하는 사람들이 너무도 많습니다.

그래서 하나님은 구약에서부터 하나님의 백성들에게 이웃에 관해 관심을 가지도록 여러 가지 훈련을 시키셨습니다. 그 중에 십일조가 있었는데, 십일조에도 여러 가지가 있었습니다. 회식의 십일조는 모두 십일조를 가지고 와서 함께 먹는 것을 말합니다. 여기서는 나눔의 원리가 강조되고 있습니다. 또 3년마다 구제의 십일조를 드리도록 되어 있었습니다. 이것은 선택이 아니라 의무였습니다. 주님은 이웃에 대해 의무적으로 나눔을 실천하라고 강조하고 있습니다. 그런데 나만 잘 살면 된다고 말할 수 있겠습니까? 그래서 탐심은 이웃과의 관계를 차단시키는, 이웃을 향해서 창을 닫아버리게 만드는 죄악이라고 성경은 가르칩니다. 우리는 같이 나누어 먹어야 하고 조금이라도 베풀어주는 것이 중요합니다. 이것은 하나님의 명령이요 우리의 의무입니다.

아라비아 박바드의 어느 왕에게 왕자가 있었습니다. 여덟

살쯤 됐을 때 왕자는 강에 나갔다가 그만 물에 떠내려가서 행방불명이 되었습니다. 왕은 군대까지 동원해서 찾았으나 헛수고였습니다. 왕은 왕자의 시체라도 찾아주는 사람에게는 후한 상을 주겠다는 광고도 했습니다. 며칠 후 멀리 떨어진 강가의 바위에서 시체가 아니라 살아있는 왕자를 찾아내었습니다. 왕은 너무 기뻐서 어쩔줄을 몰라 했습니다. 그리고 무엇을 먹고 어떻게 살았는지 물었습니다. 그러자 왕자는 바위에 걸려 목숨을 구했으며, 매일 정해진 시간에 어김없이 물에 떠내려오는 봉지가 있었고, 그 속에는 빵이 들어있었다고 대답했습니다. 왕은 수소문해서 그 빵을 내려보낸 사람을 찾아 내었습니다. 그 사람은 평민인 모하메트 벤하산이었습니다. 왕은 벤하산에게 물었습니다. "자네는 어떤 연유로 그런 선한 일을 했는가?" 그러자 벤하산은 이렇게 대답했습니다. "속담에 '식물을 물 위에 던지라, 그리하면 몇 날 후엔 찾으리라.'는 말이 있기에 한번 시험해 본 것입니다."라고 대답했습니다.

성도 여러분, 기독교인의 인격은 "선한 일을 얼마나 하는가? 이웃을 얼마나 생각하는가? 어떻게 나누며 살아갈 것인가?"를 늘 염두에 두고 함께 더불어 살아가는데서 더욱 더 풍성하게 됩니다.

성도 여러분, 우리는 우리의 이웃을 구제하고, 이웃에게 선행을 베풀며, 이웃에게 관심을 가지고 나누어주고 베풀어주는 이웃 사랑을 실천함으로, 우리의 인격과 삶이 더욱 더 윤택해지는 풍성한 삶을 살아가시길 기원합니다.

3. 탐심은 만물의 주인 되신 하나님을 무시하는 것입니다.

이 부자는 오직 물질로 인한 쾌락만 추구했을 뿐, 진리와 하나님에 대하여는 전혀 관심이 없습니다. 이웃에 대해서도 관심이 없을 뿐더러 풍성한 소출을 주신 하나님에 대한 감사 또한 전혀 찾아볼 수 없습니다. 이 자세는 우리 삶의 주인이신 하나님을 망각하게 하는 범죄입니다. "또 내가 내 영혼에게 이르되 영혼아 여러 해 쓸 물건을 많이 쌓아 두었으니 평안히 쉬고 먹고 마시고 즐거워하자 하리라 하되"(누가복음 12:19). 이것은 자기가 모든 것의 주인처럼 행세하는 말입니다. 만물의 주인이신 하나님에 대한 감사도 없습니다. 자기가 가진 것은 다 자기의 것으로 생각하고 있습니다. 어떻게 많은 곡식을 수확할 수 있었습니까? 하나님께서 비와 햇빛을 주시고, 병충해를 막아주시고, 좋은 일기와 환경을 주셨기 때문이 아니겠습니까? 하나님이 이런 풍성한 추수를 주셨는데 거기에 대한 감사와 고마움은 전혀 없습니다. 자기가 주인 노릇을 하고 있습니다. 이것은 잘못된 일입니다. 어리석은 짓입니다.

성경은 결코 물질의 필요성을 부인하지는 않습니다. 성경은 너희에게 이 모든 것이 있어야 할 줄을 아신다고 말씀합니다. 또 가난이 미덕이라고 말씀하지도 않습니다. 부나 물질을 창출하는 그 자체가 잘못된 것도 아닙니다. 물질은 필요합니다. 그러나 더 중요한 것은 이 물질의 주인이 누구인가를 바로 알아야 한다는 것입니다. 그리고 그 주인의 뜻대로 그 물질을 선용해야 한다는 사실입니다. 이 가치관이 바로 되어 있지 않으면 탐심의 포로가 되고 맙니다.

만약 우리가 탐심의 노예가 되면 내가 물질을 부리는 자가 아니라 물질이 나를 부리게 됩니다. 내가 돈을 소유하는 것이 아니라 돈이 나를 소유하게 되면 그 순간부터 우리는 탐심의 죄악에 빠지게 됩니다. 그리고 탐심의 죄를 갖게 되면 우리의 눈이 멀어집니다. 인생의 판단이 흐려지고 무엇보다 하나님이 보이지 않게 됩니다. 하나님을 보지 못하고 살아가게 됩니다. 누가 우리에게 복을 주십니까? 탐심의 죄를 가지게 되면 우리가 가진 것의 주인이 누구인지를 잊게 됩니다.

민수기 22장을 보면, 이스라엘 백성들이 광야를 통해서 모압 지방 지경까지 들어가게 되었습니다. 그러자 모압 사람들이 두려워하기 시작했습니다. 그래서 모압 왕 발락이 그냥 당할 수는 없다는 생각 끝에 묘안을 하나 내었습니다. 바로 유명한 이스라엘 선지자 발람을 떠올렸습니다. 그는 워낙 유명해서 그가 축복하면 축복이 임하고, 저주하면 저주가 임한다는 종으로 소문이 났습니다. 모압 왕 발락이 돈과 보화를 준비해서 사신을 보내어 그를 매수하기 시작했습니다. '당신이 이스라엘을 좀 저주하라' 는 부탁을 했습니다. 자기 민족을 저주하라는 말입니다. 처음에는 주저도 했지만 뇌물이 들어오자 눈이 어두워졌습니다. 그러자 하나님의 경고에도 불구하고 발람 선지자는 이스라엘을 저주하기 위해 나귀를 타고 길을 떠납니다. 이스라엘 백성들을 저주하기 위해 길을 가는 도중에 갑자기 나귀가 낑낑거리며 뒤로 물러섰습니다. 왜냐하면 나귀가 무엇을 보았기 때문입니다. 바로 하나님의 천사가 나귀의 길을 가로막고 있었습니다. 그런데 나귀는 하나님의 천사를 보았으나 발람 선지자는 보지 못했습니다. 이것이 문제입니다. 그래서 선지자가 나귀를 쳤습니다. 나귀를 세 번 치자 나귀가 입을 열어 "왜 때리느냐? 내가 지금까지 당신에게 이런 적이 한번이라도 있었느냐?'며 소리를 질렀습니다. 그때 하나님이 발람 선지자의 눈을 열어 주셨습니다. 비로소 하나님의 천사가 길을 가로막고 있는 것을 보고 나귀에서 뛰어 내려 "하나님 잘못했습니다." 하고 고백합니다. 영의 눈이 어두우면 보이지 않습니다. 탐심은 눈을 어둡게 합니다. 눈을 뜨고도 보지 못하고 멸망의 길을 가게 됩니다. 발람이 물질에 눈이 어두워 하나님의 역사를 거스리는 우를 범하고 말았습니다. 결국 그는 비참하게 죽고 맙니다.

아나니아와 삽비라 부부는 어떠합니까? 하나님의 은혜를

받고 초대교회 성도들이 모두 자기들의 집이나 밭, 그리고 재산을 바쳤습니다. 그러자 온 교회가 기뻐하고 하나님께 영광을 돌렸습니다. 그 재물로 교회가 복음을 전하고 가난한 자들에게 먹을 것을 나눠주자 아나니아와 삽비라 부부도 그 영광에 동참하고 싶었습니다. 하나님께 다 바쳤다는 영광과 명예를 얻고 싶은 명예욕이 생겼습니다. 그런데 물질을 다 바치려니 아까운 생각이 들었습니다. 그래서 반은 감추고 다 바쳤다고 거짓말을 했습니다. 이것이 탐욕입니다. 명예도 얻고 물질도 소유하고 싶었습니다. 영의 눈이 어두워진 것입니다. 그러나 하나님의 신이 충만한 베드로 사도는 영안이 열려 있었기 때문에 그들의 거짓과 탐심을 보았습니다. 그래서 아나니아에게 "어찌하여 성령을 속이느냐?"라고 외치자, 바로 그 자리에서 즉사했습니다. 이 사실을 모르는 부인이 들어와 똑같은 거짓말을 했습니다. 그도 남편처럼 즉시 죽임을 당하고 말았습니다. 이것은 하나님의 심판입니다. 그들은 탐욕에 눈이 어두워 하나님을 보지 못했습니다. 눈앞에 보이는 물질만 보았지 모든 물질의 주인이신 하나님을 보지 못했습니다. 하나님을 무시한 것입니다.

성도 여러분, 사람이 탐심에 젖게 되면 눈이 멀어지게 되고, 탐심의 노예가 됩니다. 하나님을 보지 못하게 되어 하나님을 무시하게 됩니다. 그리고 세상을 바르게 판단할 수 있는 모든 기능이 상실됩니다. 이처럼 탐심은 무서운 죄입니다. 탐욕은 이처럼 살아 계시고, 내 삶의 주인이 되시며, 만물의 주인이시며 복의 근원이 되시는 하나님을 볼 수 없게 하는 무서운 죄악임을 우리는 바로 알아야 합니다.

4. 그러면 탐심을 어떻게 극복할 수 있습니까?

1) 매일 하나님만이 주인 되심을 인정해야 합니다.

하나님은 주인이시고 우리는 청지기일 뿐입니다. 내가 주인 행세를 하면 안됩니다. 문제는 내가 주인 노릇을 하려는데서부터 발생합니다. 여기에서 욕심이 나옵니다. 내가 가진 모든 것은 주인이 내게 관리하라고 맡겨주신 것입니다. 이제 인생을 마무리 할 때에는 모든 것을 주인에게 다 돌려드리고 간다는 것을 항상 기억하고 살면 욕심이 사라집니다. 우리는 우리가 가진 물질의 주인이 누구인가를 날마다 확인하는 삶을 살아야 합니다. 주인은 바로 하나님이십니다.

오늘 본문에서 하나님은 이 어리석은 부자에게 무엇이라고 말씀하십니까? "하나님은 이르시되 어리석은 자여 오늘밤에 네 영혼을 도로 찾으리니 그러면 네 예비한 것이 뉘 것이 되겠느냐 하셨으니"(누가복음 12:20). 방금 전까지 큰 소리를 친 부자가 아닙니까? "심중에 생각하여 가로되 내가 곡식 쌓아 둘 곳이 없으니 어찌할꼬 하고 또 가로되 내가 이렇게 하리라 내 곡간을 헐고 더 크게 짓고 내 모든 곡식과 물건을 거기 쌓아 두리라 또 내가 내 영혼에게 이르되 영혼아 여러 해 쓸 물건을 많이 쌓아 두었으니 평안히 쉬고 먹고 마시고 즐거워하자 하리라 하되"(누가복음 12:17-19). 심지어 자기의 목숨까지 자기의 것이라고 소리칩니다. 그때 하나님이 나타나 말씀하셨습니다. "그래, 네 것이라고 생각하는 네 영혼을 내가 가져가리니 그러면 네 것이 뉘 것이 되겠느냐?" 여기서 중요한 것은 주인이 누구냐 하는 문제입니다. 이 부자는 자기 영혼의 주인을 모르고 있습니다. 자기가 주인으로 착각하고 있습니다. 하나님이 말씀하셨습니다. "오늘밤에 내가 네 생명 가져간다. 그러면 그 많은 재산이 누구의 것이 되겠느냐?"

세상을 떠날 때 재물을 가져가는 사람을 본 일이 있습니까? 아무도 없습니다. 모두 빈손으로 갑니다. 세상을 떠나는 사람이 두 주먹을 불끈 쥐고 가는 것을 보신 적이 있습니까? 세상에 태어날 때에는 두 주먹을 불끈 쥐고 태어나서 욕망을 위한 인생을 시작합니다. 그러나 세상을 떠나갈 때에는 두 손을 쭉 펴고 떠나갑니다. 아무것도 가져가지 못합니다. 온 세상을 정복하고 더 정복할 땅이 없어서 울었다는 알렉산더도 두 손을 펴고 갔습니다. 우리는 이 사실을 알고 살아야 합니다. 우리는 세상을 떠날 날을 미리 준비해야 합니다. 내 것은 아무것도 없습니다. 모든 것은 하나님이 우리에게 잠시 맡기신 것에 불과

합니다. 우리가 이 사실을 바로 알면, 모든 소유의 주인인 하나님을 인정하면서 망각하지 않고 살 수 있습니다.

이것을 매일 확인하는 방법이 예배입니다. 예배는 우리의 생명과 시간의 주인 되신 하나님께 우리 자신을 바치는 것입니다. 규칙적 헌금으로 드리는 것입니다. 십일조는 하나님의 것을 하나님께 모든 것을 바친다는 뜻입니다. 10/10 전체가 다 주님의 것이지만, 그 중에 1/10을 구별해서 하나님의 일에 성별함으로 내 모든 소유의 주인은 하나님이심을 인정하겠다는 신앙 고백적 행위입니다. 우리는 하나님만이 우리의 주인임을 인정할 때 탐심을 버릴 수 있습니다.

2) 하나님께 대하여 부요한 자가 되어야 합니다.

우리가 정말 탐심에서 자유하려면 참된 부요의 삶을 살아야 합니다. 참된 부요의 삶, 참된 부자의 삶은 무엇입니까? "자기를 위하여 재물을 쌓아 두고 하나님께 대하여 부요치 못한 자가 이와 같으니라"(누가복음 12:21). 하나님에 대하여 부요치 못한 사람은 세상의 물질과 쾌락에만 부유할 뿐 하나님에 대하여는 빈곤한 자입니다. 그러면 진짜 부자는 누구입니까? 하나님께 대하여 부요한 자입니다. 즉 하나님과의 관계에서 부요한 자입니다. 하나님의 은혜로 배부른 사람, 하나님의 생명으로, 하나님의 평안으로, 하나님의 기쁨으로, 그 하나님의 가치로 가득한 사람입니다. 하나님으로 배부른 인생이 진짜 부요한 삶입니다. 하나님은 우리 생명과 물질의 주인이시며 복의 근원이십니다. 오늘밤 부자의 영혼을 불러 가시는 하나님이십니다. 그러므로 하나님께 우리의 모든 것을 의지하고 그분만을 바라볼 때 참된 부요함이 있습니다. 그런 사람은 믿음의 왕 다윗처럼 고백할 수 있습니다. "여호와는 나의 목자시니 내가 부족함이 없으리로다… 내 잔이 넘치나이다"(시편 23:1,5). 다윗 왕이 부자가 된 것은 '하나님이 나의 목자'가 되셨기 때문입니다. 하나님이 나의 전부가 되셨기 때문입니다. 그 하나님을 나의 전부로 삼았기 때문입니다. 하나님으로 꽉 차있으면 더 원할 것이 없습니다. 하나님의 임재와 하나님의 존재로 가득 한 인생, 이것이 기독교인의 인격이요 삶입니다.

테레사 수녀가 미국 순회집회를 하는 도중에 어떤 사람을 만났습니다. 그런데 그 사람은 굉장한 부자였습니다. 그 사람이 테레사 수녀에게 이렇게 말했습니다. "뭐 좀 도와드릴 것이 있습니까? 당신에게 뭐가 제일 필요하십니까?" 테레사 수녀가 빙그레 웃으면서 대답했습니다. "저요? 예수님만 필요합니다. 주 예수님만 필요합니다. 그분이면 족합니다. 예수 그리스도면 족합니다." 이것이 진짜 그리스도인의 고백이 아니겠습니까?

성도 여러분, 우리 주 예수 그리스도만이 우리의 소망이며 능력이며, 꿈이며, 자랑이며, 기업이며, 피난처이며, 구원이심을 고백하십니까?

장애우인 송명희 시인은 이렇게 노래했습니다.

「나 가진 재물 없으나」

나 가진 재물 없으나 나 남이 가진 지식 없으나
나 남에게 있는 건강 있지 않으나 나 남이 없는 것 있으니
나 가진 재물 없으나 나 남이 가진 지식 없으나
나 남에게 있는 건강 있지 않으나 나 남이 없는 것 있으니
나 남이 못 본 것을 보았고 나 남이 듣지 못한 음성 들었고
나 남이 받지 못한 사랑 받았고 나 남이 모르는 것 깨달았네
공평하신 하나님이 나 남이 가진 것 나 없지만
공평하신 하나님이 나 남이 없는 것 갖게 하셨네

성도 여러분, 우리가 주님만이 우리의 주인이심을 인정하고 하나님께 대하여 부요한 자가 될 때에, 우리는 비로소 이기심을 물리치고 이웃을 사랑하게 되어 탐심을 버릴 수 있습니다. 우리 모두 예수님으로 가득한 인생, 주님으로 꽉 찬 인생을 살아갑시다. 그리해서 내 삶 속에 주 예수 그리스도가 나의 자랑이 되고, 그리스도가 나의 프라이드가 되게 합시다. 내 삶 속에 그리스도가 늘 임재하심으로 주님만이 나의 기쁨이 되고, 주님 안에서 늘 만족함으로 모든 탐심에서 자유로운 삶을 살아감으로 아름다운 그리스도인의 인격을 이루어 가는 복된 주인공들이 다 되시길 기원합니다. 아멘.

Personality of Christian

게으름을 부지런함으로

⁶게으른 자여 개미에게로 가서 그 하는 것을 보고 지혜를 얻으라 ⁷개미는 두령도 없고 간역자도 없고 주권자도 없으되 ⁸먹을 것을 여름 동안에 예비하며 추수 때에 양식을 모으느니라 ⁹게으른 자여 네가 어느 때까지 눕겠느냐 네가 어느 때에 잠이 깨어 일어나겠느냐 ¹⁰좀더 자자, 좀더 졸자, 손을 모으고 좀더 눕자 하면 ¹¹네 빈궁이 강도 같이 오며 네 곤핍이 군사 같이 이르리라

잠언 6:6-11

게으름을 부지런함으로

게으름 대회가 열렸다고 합니다. 사람들마다 다른 것이라면 몰라도 게으름이라면 입상할 수 있다고 자신하며 대회에 참가했습니다. 어떤 사람들이 입상했는지 궁금하지 않습니까? 3등은 수술을 절반쯤 하다가 힘들다고 나머지는 다음주에 하겠다면서 그냥 가버린 의사, 2등은 어차피 벗을 것이라며 집에서부터 옷을 입지 않고 목욕탕으로 간 사람, 영예의 1등 상은 손들지 않으면 쏜다는 강도의 경고에도 불구하고 손을 올리는 것이 귀찮아서 총에 맞아죽은 은행원입니다. 이것은 인터넷 유머에 나오는 이야기입니다.

이런 이야기가 나오는 것을 보면, 오늘날 이 시대를 살아가는 우리의 자화상을 잘 엿볼 수 있습니다. 재미있는 것은 사회는 점점 바빠지는데 게으른 사람도 비례해 늘어난다는 것입니다. 게으름이라는 것은 바람직하지 않은 상태나 정도가 아니라, 성경은 게으름을 죄악이라고 말씀합니다.

본래 이 게으름이라는 말은 laziness가 아니라 헬라어에서 온 Acedia라는 단어를 사용했습니다. 이것은 'A'와 'cidos'라는 두개의 헬라어 단어를 결합시킨 단어입니다. 'A'라는 말은 부정사로 '아니다'(no, not), 'cidos'는 영어의 caring(돌본다)입니다. 그래서 합하면 '돌보지 않음', '돌보지 않는다'는 뜻이 됩니다. 이것이 게으름이란 단어의 본래의 뜻입니다. 그래서 이 단어는 거의 무책임의 의미와 동일하게 쓰여질 수 있는 말입니다.

이 게으름병은 사람을 죽이기도 합니다. 그런가 하면 죄를 짓게 하는가 하면, 어리석게도 하고 싸움을 일으키기도 합니다. 어떤 경우에는 부모를 고통스럽게도 하고, 주위 사람들에게 씻지 못할 죄를 범하게도 합니다. 이것은 거의 불치병에 가깝습니다. 그런데 이 병이 우리와 너무 가까이 있다는 것이 문제입니다. 그리고 지금도 우리 중의 대부분은 이 병에 걸려 있다는 사실입니다. 게으른 사람은 기뻐하지도 않고, 흥분하지도 않고, 감격하지도 않고, 의욕도 없습니다.

그러면 게으름이란 도대체 무엇입니까? 우리는 이 게으름을 부지런함으로 바꿉시다.

1. 게으름은 소명감의 결핍에서 오는 죄악입니다.

"게으른 자여 개미에게로 가서 그 하는 것을 보고 지혜를 얻으라"(잠언 6:6). 게으른 자를 말하는 'עָצֵל'(아첼)은 '빈둥거리며 나태하게 지내는 자'를 말합니다. 하나님은 모든 사람들에게 이 세상에서 일하며 살아가도록 사명을 주셨습니다. 그리고 그 일을 할 수 있는 달란트도 주셨습니다. 그러면 그 달란트로 일을 해야 합니다. 그런데 빈둥거리며 나태하게 지내는 것은 죄악입니다. 한마디로 게으름은 죄악입니다.

성경에서 게으름 때문에 범죄한 대표적인 사람으로 엘리 제사장을 들 수 있습니다. 그는 전형적인 게으름뱅이의 모델입니다. 그의 게으름은 어디서 왔습니까? 여러 가지 원인이 있겠지만 소명의 결핍에서 왔다고 볼 수 있습니다. 즉 그가 하나님으로부터 받은 직분에 대한 소명감을 잃어가고 있었기 때문입니다. 게으름은 소명의 결핍으로 말미암은 것입니다. 엘리에게는 두 아들이 있었는데 그의 아들들은 불량자요, 하나님을 몰랐습니다. 그것은 그들의 행태를 보면 알 수 있습니다. 그들은 그의 아버지가 제사 드리는 곳에 들락날락 하면서 제물을 짓밟으며 좋은 고기는 빼 먹는 짓을 했습니다. 그런데 그들의 행위는 여기서 끝나지 않았습니다. 성경은 말씀합니다. "그 소년들의 죄가 여호와 앞에 심히 큼은 그들이 여호와의 제사를 멸시함이었더라"(사무엘상 2:17). 이 아들들의 죄악은 한 걸음 더 나아갑니다. "엘리가 매우 늙었더니 그 아들들이 온 이스라엘에게 행한 모든 일과 회막 문에서 수종을 드는 여인과 동침하였음을 듣고"(사무엘상 2:22). 이 성전 회막을 드나드는 여인들과 성적인 불륜 관계를 맺으면서 그 장소 전체를 더럽혔던 것입니다.

한마디로 이들은 소명감이 없었습니다. 하나님의 일을 할 자격이 없는 자들이었습니다. 그들이 맡은 일이 얼마나 소중하고 귀한 것인 줄을 몰랐습니다. 하나님의 거룩한 성전에서 예배드리며 봉사하는 일이 얼마나 중요하고 영광스러운 일인지 몰랐습니다. 즉 그들은 소명감이 결핍되었기 때문에 게으름을 피우게 되었습니다. 하나님이 주신 그 일에 최선을 다하지 않고 게으름을 피우는 것은 바로 죄악입니다. 소명감이 결핍된 죄악입니다. 이때 부모가 해야 할 일이 무엇입니까? 부모는 최선을 다해 소명감을 일깨워 주고 게으름을 막아야 합니다. 그러나 아무리 부모가 최선을 다해도 자식들이 잘못되는 경우가 더러 있을 수 있습니다. 그러나 소명감이 없고 게으름을 피우는 자식에게 하나님의 중요한 일을 맡길 수 없습니다.

그런데 엘리 제사장은 그 소명감이 없는 그의 아들들에게 하나님의 언약궤를 맡겼습니다. 이 얼마나 무책임한 일입니까? 제사장에게 가장 중요한 직분이요, 책임 가운데 하나가 바로 하나님의 언약궤를 관리하는 일입니다. 엘리 제사장은 그것을 자기의 두 아들 홉니와 비느하스에게 다 위임했습니다. 성경은 이렇게 말씀합니다. "이에 백성이 실로에 보내어 그룹

사이에 계신 만군의 여호와의 언약궤를 거기서 가져왔고 엘리의 두 아들 홉니와 비느하스는 하나님의 언약궤와 함께 거기 있었더라"(사무엘상 4:4). 언약궤를 자식에게 맡긴 그 자체가 잘못된 것은 아닙니다. 맡을 만한 자격이 없는 아들에게 맡긴 것이 문제입니다. 이들은 전혀 소명감이 없고 게으른 자들이기 때문에 문제가 되는 것입니다. 이것은 나라를 망치는 일입니다. 이스라엘은 바로 교회입니다. 그렇다면 소명감이 결핍되어 있고 게으른 사람에게 하나님의 교회를 맡겼다면 이것은 교회를 손해 되게 하고 망치는 일입니다. 이것은 결국 그의 아들들과 마찬가지로 제사장 엘리 자신이 무책임한 사람이요, 게으른 사람임을 보여줍니다.

게으름은 소명감 결핍에서 옵니다. 그리고 게으름은 바로 죄악입니다.

2. 게으름은 습관입니다.

"게으른 자여 네가 어느 때까지 눕겠느냐 네가 어느 때에 잠이 깨어 일어나겠느냐 좀더 자자, 좀더 졸자, 손을 모으고 좀더 눕자 하면"(잠언 6:9-10). 좀더 자자 좀더 졸자 할 때 '좀더' 라는 말은 '작은' 이라는 뜻이 있습니다. '작고 조그마한 일에 만족한다' 는 말입니다. 게으른 사람은 사소하고 무절제하고 안락한 것을 좋아합니다. 편한 것이 좋고 조금이라도 힘든 것은 싫어합니다. 나중에는 이것이 습관화되어 버립니다. '좀 더 자자 좀 더 졸자' 하게 됩니다. 늦잠 자는 것이 습관화되고, 계속 눕고 싶고, 잠자고 싶고, 또 자고 싶어집니다.

이것은 불행한 습관이요, 우리를 파멸시킬 수밖에 없는 습관이 되고 맙니다. 결국 이 게으름이 습관화되면 우리의 전 인격에 손해를 가져옵니다. 우리의 인격이 피폐해집니다. 자기 스스로 게으른 사람임을 알게 되고, 자기 자신을 스스로 부정하게 됩니다. "나는 어쩔 수 없는 사람이야, 나는 도저히 열심히 할 수 없는 사람이야." 하고 자기를 평가절하 하게 됩니다. 자존심을 자기 스스로 파괴시켜 버립니다. 이것은 불행입니다. 혹 자기가 게으르다고 생각하지 않아도 다른 사람들로부터 '저 사람은 게으른 사람'으로 평가받게 됩니다. 그렇게 되면 우리를 바라보는 사람마다 '게으른 사람'이라는 선입관을 가지고 보게 됩니다. 그러면 인격적으로 얼마나 많은 손해를 보게 되겠습니까?

엘리 제사장의 게으름도 하루아침에 형성된 것은 아니었을 것입니다. 그것은 시간을 두고 지속적으로 형성되어 온 습관이었습니다. 점점 더 악화되어 온 습관이라 할 수 있습니다. 엘리의 게으른 습관은 그가 항상 앉아 있었다는 기록에서 쉽게 알아볼 수 있습니다. "그들이 실로에서 먹고 마신 후에 한나가 일어나니 때에 제사장 엘리는 여호와의 전 문설주 곁 그의자에 앉았더라"(사무엘상 1:9). 엘리가 앉아 있다는 그 자체가 잘못되었거나 문제가 될 수는 없습니다. 우리도 피곤하면 앉을 수 있습니다. 그런데 심각한 것은 계속 앉아만 있는 것이 습관화되는 것입니다. 습관은 하루아침에 이루어지는 것이 아닙니다. 엘리의 습관은 앉아 있는 것입니다.

그런데 사무엘상 1장에 보면 엘리가 의자에 앉아있고, 한나는 기도하는 장면이 나옵니다. 아주 대조적인 장면입니다. 한나는 자녀를 달라고 하나님께 간절히 부르짖으며 기도하고 있습니다. 한나의 기도는 자녀가 없으나 자녀를 주시면 하나님께 다시 드리겠다고 헌신하는 여인의 신앙고백이 있습니다. 그런데 제사장 엘리는 전혀 알지 못했습니다. 술에 취한 여인으로 오해하여 책망까지 했습니다. 한나는 마음의 괴로움을 가지고 성전에 와서 통곡하며 울면서 기도합니다. 그런데 이 한나에게 엘리가 말합니다. "엘리가 그에게 이르되 네가 언제까지 취하여 있겠느냐 포도주를 끊으라"(사무엘상 1:14). 통곡하며 기도하고 있는 여자에게 "너 술 취했구나, 술을 끊어라."고 합니다. 여러분이 보시기에는 누가 취한 것 같습니까? 엘리 제사장이 취한 것 같지 않습니까? 이로 미루어 볼 때, 지금 엘리 제사장이 앉아 있었다는 것은 그냥 앉아 있었다는 얘기가 아니라 넋을 놓고 멍하니 앉아 있었다는 말입니다. 엘리는 이미 분별력과 판단력을 상실했습니다. 왜 그렇게 되었겠습니까? 이것은 습관화된 게으름이 이 사람의 삶을 변질시키고 있는 한 모습이라고 할 수 있습니다.

그뿐 아닙니다. 엘리의 이 게으른 습관은 민족의 죽음 앞에서도 흔들리지 않았습니다. 이스라엘과 블레셋 사이에 전쟁이 발발했을 때 이스라엘 군대는 하나님의 언약궤를 가지고 나갔다가 빼앗겼습니다. 이스라엘은 전쟁에 패하고 하나님의 언약궤도 빼앗기는 가장 큰 치욕을 당하고 말았습니다. 이러한 위급한 상황에서도 그는 여전히 앉아만 있었습니다. 이것은 그의 마지막 모습들을 통해서도 분명히 나타납니다. "그가 이를 때는 엘리가 길 곁 자기 의자에 앉아 기다리며 그 마음이 여호와의 궤로 인하여 떨릴 즈음이라 그 사람이 성에 들어오며 고하매 온 성이 부르짖는지라"(사무엘상 4:13). 이렇게 다급한 상황에서도 엘리는 무엇을 하고 있었습니까? 여전히 앉아만 있었습니다. 길 곁 자기의 의자에 앉아 있었다고 성경은 말씀합니다. 아주 긴박한 상황이 벌어지고 있는 전쟁 중이었습니다. 더구나 아군이 전쟁에서 패했습니다. 이럴 때 제사장은 어떤 태도를 취해야 옳겠습니까?

요사이도 비상시에는 사령관을 비롯하여 온 군이 전투복 차림으로 비상대기를 합니다. 그리고 상황을 점검하면서 작전 계획을 세우고 지시를 합니다. 얼마 전 북한 상선이 우리나라 수해경계선을 침범했을 때 군 수뇌부들이 보고를 받고도 계속 골프를 했다는 이유로 나라가 시끄러운 적이 있었습니다. 비상 사태가 발생하면 앉아 있어서는 안됩니다.

언약궤는 매우 중요한 것입니다. 이스라엘 백성들에게 있어서 언약궤는 하나님의 임재의 상징이었습니다. 언약궤를 가지고 있다는 것은 하나님이 함께 계신다는 메시지입니다. 이 언약궤의 관리 책임은 바로 제사장이 합니다. 그런데 이스라엘은 그 언약궤를 빼앗겼습니다. 엘리 제사장도 심각한 문제임을 알고 떨었으나 여전히 앉아만 있었습니다. 가만히 앉아서 떨기만 하면 되겠습니까? 나라가 위기에 처하면 지도자는 무릎을 꿇고 엎드려 통곡하며 회개 기도를 하거나, 아니면 하나님께 금식하며 간구하는 것이 마땅하지 않겠습니까? 그런데 엘리 제사장은 여전히 앉아만 있었습니다. 그러다가 엘리는 최후를 맞이합니다. 그것도 앉아만 있다가 말입니다. 성경은 그때의 상황을 이렇게 기록합니다. "하나님의 궤를 말할 때에 엘리가 자기 의자에서 자빠져 문 곁에서 목이 부러져 죽었으니 나이 많고 비둔한 연고라 그가 이스라엘 사사가 된지 사십 년이었더라"(사무엘상 4:18). 그의 마지막, 그 불행한 최후의 비극의 순간에도 그는 계속 의자에 앉아만 있었습니다. 앉은 채로 자빠져서 목이 부러져 죽었습니다. 이것이 이 사람의 최후의 모습입니다. 그런데 성경은 그가 비둔했기 때문이라고 합니다. 몸무게가 얼마나 됐는지는 알 수 없지만, 하기야 늘 앉아만 있으니 비둔해질 수밖에 없지 않겠습니까? 결국 영적인 게으름이 그를 멸망시켜 버렸습니다. 이것은 게으름의 습관화가 초래한 비극의 결말입니다.

이 사건이 우리에게 주는 교훈이 무엇입니까? 그것은 바로 우리의 영적인 게으름이 습관화되지 않도록 해야 한다는 것입니다. 우리의 영적생활은 어떻습니까? 한번 진단해 봅시다. 우리는 앉아만 있지는 않습니까? 엘리처럼 앉아만 있는 것이 편하고 좋은 것은 아닙니까? "좀 더 자자, 좀더 졸자"가 습관화 되면 안됩니다. 우리는 앉아만 있지 말고 일어나야 합니다. 하나님 앞에 엎드리기 위해 자리에서 일어나야 합니다. 예배드리며 경배하기 위해 일어나야 하고, 하나님의 복음을 전하기 위해 일어나야 합니다. 게으름이 습관화되지 않도록 움직이고 애써야 합니다. 우리도 가만히 앉아 있기만 하면 비둔해지고, 결국 이것이 습관이 되고 맙니다. 끝까지 앉아만 있으면 우리도 그런 모습으로 살다가 죽어 갈 수밖에 없습니다. 게으름이 엘리 제사장을 파멸시키고 말았습니다.

3. 게으름의 결과는 무엇입니까?

"네 빈궁이 강도같이 오며 네 곤핍이 군사같이 이르리라" (잠언 6:11). 게으른 사람에게는 결국 물질적으로 가난이 찾아오되 그 가난이 강도같이 온다고 했습니다. '강도' 란 말은 '빨리 걷는 자', '빨리 여행하는 자' 란 뜻이 있습니다. 발빠른 여행자가 우리를 덮쳐 잡듯이 게으른 자에게는 가난이 빨리 와서 덮친다는 뜻입니다. 또한 '네 곤핍이 군사같이 이르리라'

는 말은 아무런 준비 없이 무방비로 군사를 이길 수 없듯이, 게으른 자는 가난 앞에서는 무기력해질 수밖에 없다는 말입니다. 즉 게으른 자에게는 예고 없이 가난이 닥칠 것이며, 가난이 닥칠 때에는 도저히 돌이킬 수 없게 될 것을 말합니다.

부유하고 행복한 부자 청년이 있었습니다. 그의 집 문앞에는 날마다 어떤 거지가 찾아와 구걸을 했습니다. 부자는 외출을 했다가 돌아올 때에, 어쩌다 그 거지가 눈에 띄면 차에서 내려 동전 세 개를 던져 주었습니다. 그리고 나서 꼭 한마디를 덧붙였습니다. "남을 원망하지 마시오. 당신의 게으름이 죄요." 몇 년 후 부자에게 예기치 않은 불행이 닥쳤습니다. 그가 경영하던 기업은 부도가 나고, 자신은 경제사범으로 몰려 여러 해 동안 옥살이를 해야 했습니다. 그의 아내는 가출을 하고 아이들은 고아원으로 보내졌습니다. 그 청년이 출소하던 날, 그를 맞아주는 사람은 아무도 없었습니다. 그는 공원 벤치에 앉아 어디로 갈까 생각하다가 옛날에 자기가 살던 그 집을 한 번 찾아가기로 했습니다. 청년이 그 집 앞에 이르러 계단에 앉아 있는데, 집 주인의 승용차가 골목 안으로 미끄러져 들어왔습니다. 그런데 승용차에서 내리는 사람은 옛날 그 집 대문 앞에서 구걸하던 바로 그 거지였습니다. 그러나 그 주인도 청년도 서로 누군지 전혀 알아보지 못했습니다. 그는 청년을 보더니 주머니에서 정확히 동전 세 개를 꺼내어 그에게 던져주며 말했습니다. "남을 원망하지 마시오. 당신의 게으름이 죄요."

게으름을 부지런함으로

청년은 집 안으로 사라지는 집 주인을 향해 동전을 내던지며 소리쳤습니다. "나는 게으르지 않았소. 운이 나빴을 뿐이오." 사람들은 남의 가난은 '게으름' 때문이고, 자기의 가난은 '운이 나빠서'라고 말합니다. 남의 불행은 '죄' 때문이고, 자기의 불행은 '재수가 없어서'라고 말합니다. 게으른 사람은 안락하고 편안한 데서 안주하려고 하기 때문에 모든 일에 발전이 없습니다.

그래서 하나님은 게으른 자를 이렇게 표현하셨습니다. "문짝이 돌쩌귀를 따라서 도는 것같이 게으른 자는 침상에서 구으느니라"(잠언 26:14). 얼마나 재미있는 표현입니까? '돌쩌귀'는 문짝과 문설주를 이어주는 고리 역할을 하는 부품으로, 문짝의 한편이 문설주에 고정되어서 열고 닫을 수 있도록 지탱해 주는 역할을 합니다. 그래서 문짝은 돌쩌귀에 고정되어 있기 때문에 항상 돌쩌귀를 따라서 일정 범위만큼만 움직일 수 있습니다. 하나님은 게으른 사람이 침상을 뒹굴며 게으르고 편안한 것만 추구하는 모습을 비유하여 돌쩌귀만 따라서 움직이는 문짝과 같다고 말씀하십니다. 게으른 사람은 이제껏 해온 만큼, 또는 쉽게 할 수 있는 만큼만 하려고 하기 때문에 더 이상의 진보가 없습니다.

아주 부지런한 사람이 있었습니다. 그는 최초의 미국인 철학자요, 최초의 미국 대사였습니다. 그는 하모니카와 가로등을 발명했습니다. 그는 최초의 정치만화가요, 당대의 최고의 수영 선수였습니다. 그는 「이동 순회 도서관」을 처음으로 제도화했으며, 걸프 해류를 발견했습니다. 그는 피뢰침도 발명했습니다. 그는 섬머 타임과 우편을 통한 신문배달 제도를 최초로 도입한 사람이었습니다. 그는 거리에 청소과를 처음으로 창설했습니다. 그는 펜실베니아주 지사를 네 번이나 역임했습니다. 그는 미국 동북부 지역 태풍 경로를 처음으로 그려냈습니다. 그는 진실로 부지런했습니다. 그의 이름은 벤자민 플랭클린입니다. 정말 부지런한 사람이었습니다. 그가 부지런하지 않았다면 이런 어마어마한 업적들이, 그리고 생산적인 일들이 가능하지 못했을 것입니다. 성경은 말씀합니다. "게으름이 사람으로 깊이 잠들게 하나니 해태한 사람은 주릴 것이니라"(잠언 19:15).

4. 그러면 게으름의 죄악을 어떻게 극복할 수 있습니까?

게으름에 대한 치유책은 무엇입니까?

1) 부지런함을 회복해야 합니다.

"게으른 자여 개미에게로 가서 그 하는 것을 보고 지혜를 얻으라… 먹을 것을 여름 동안에 예비하며 추수 때에 양식을 모으느니라"(잠언 6:6-8). 개미는 부지런하고 준비성이 많은 곤충입니다. 개미는 무더운 여름 동안에도 열심히 일을 합니다. 우리는 이 개미의 부지런함과 근면성, 그리고 준비성을 배워야 합니다.

성도 여러분, 우리가 게으름을 이길 수 있는 길은 부지런함을 회복하는 것입니다. 내게 주신 소명을 회복하는 일입니다. 하나님은 우리 모두에게 일을 주셨고, 그 일을 위해 우리를 부르셨습니다. 내가 하나님의 영광을 위해 하고 싶은 일, 마땅히 해야 할 일이 바로 소명입니다. 이 소명을 발견하면 신이 나서 일할 수밖에 없습니다. 그런데 이 소명이 결핍되거나 상실되면 게으름을 초래하게 됩니다. 그러면 소명을 회복해야 되지 않겠습니까? 아예 소명 없이 살았다면 소명을 발견하는 것이 필요합니다.

노인 복지가 가장 잘 된 나라라고 일컬어지는 캐나다에서 조사한 통계를 보니 은퇴한 노인 중 대부분이 5년 이내에 세상을 떠난다고 합니다. 가장 큰 이유는 나태와 지나친 수면 때문이라고 합니다. 노동이 끝나면서부터 인생의 사명을 잃기 때문에 뇌가 녹슬기 시작한다는 것입니다. 그래서 근래 캐나다에서는 「새벽을 깨우는 사람들」이란 노인들의 모임이 결성되었습니다. 아침에 전화해서 늦잠 자는 노인들을 서로 서로 깨워주는 모임입니다. 아주 현명한 모임입니다. 그러나 한가지 중요한 것이 누락되었습니다. 일찍 일어나기만 한다고 다 되는 것이 아닙니다. 인생을 왜 사는지에 대한 소명이 있어야 합니다. 그래서 게으름에 대한 첫 번째 치유책은 바로 이 소명을 회복하는 것입니다.

요즈음 우리나라에 선풍적인 전도 간증집회로 인기를 얻고 있는 사람이 있습니다. 고구마 전도왕 김기동 집사입니다. 이 분은 한마디로 말하면 소명에 미친 사람입니다. 사업을 하는 과천교회의 집사입니다. 전도 간증 테이프도 듣고 인터넷과 비디오 테이프도 여러 차례 보며 많은 은혜를 받았습니다. 그런데 이 분은 매일 새벽 4시에 일어나서 새벽기도로 하루를 시작하고, 아침식사 시간에는 사업상 중요한 사람들을 만납니다. 그리고 9시부터 오후 1시까지, 1시 반부터 5시 반까지는 두 회사에서 일을 합니다. 뿐만 아니라 일을 마친 후에는 어떤 경우에라도 매일 밤마다 집회를 다닙니다. 토요일은 무조건 오후 3시부터는 전도를 합니다. 그런데 이 분은 전도 대상자를 고구마로 생각합니다. 고구마가 익었는지 젓가락으로 '쿡' 찔러 보듯 일단 찔러보면 날고구마인지 익은 고구마인지 알 수 있다는 것입니다. 집 근처에 아파트가 들어오면 고구마 밭이 들어오는 것으로 생각합니다. 그리고 아파트를 돌면서 집집마다 찔러봅니다. 즉 아파트 축호 방문전도를 한다는 말입니다. 그 분은 많은 사람들을 전도해서 교회로 등록시키고, 기도 응답도 많이 받았으며, 능력과 기사도 체험했습니다. 이 분이 해

군사관학교 재학 시절에 어느 교회에 갔을 때 그 교회에서 비스켓을 받았는데, 어느 날 절에 갔더니 거기에서는 떡을 풍성하게 주더랍니다. 그때부터 열심히 절에 나가게 되었고 불교 회장까지 했다고 합니다.

그리고 세월이 흐른 어느 날, 그 분이 살고 있는 아파트로 사성장군 출신인 「전국불교연합회」 회장을 했던 독실한 불교 신자를 만났습니다. 예전에 상관으로 모신 장군이었습니다. 만나서 인사를 하고 "예수님 믿으십니까?" 하고 찔러 보았더니 역시 날고구마였습니다. 그래서 만날 때마다 "지금도 기도하고 있습니다."하면서 찔렀더니 계속 피해서 다니더랍니다. 시장에서도 만나면 전도할까봐 피해 다녔습니다. 그러던 어느 날 밤에 그 분이 걸어오는 것 같아 달려갔는데 어디론가 숨어 버리고 없더랍니다. 살금살금 찾아보았더니 건물 사이 –취객들이 밤에 볼일을 보는 곳–에 숨어 쭈그리고 숨었더랍니다. 그래서 "아, 왜 여기 계십니까?" 했더니 "야, 임마. 너 때문에 내가 이런 수모를 당해야 돼냐?"고 하더랍니다. 그래도 계속 기도하면서 찔렀답니다.

그러던 어느 날 밤에 연락이 와서 찾아갔더니 "지금 대전에 사는 무남독녀 외동딸이 결혼생활에 파경을 맞게 되어 고민되었는데 생각나는 사람이 자네밖에 없어 찾았다."며 자기를 좀 도와 달라고 부탁을 하더랍니다. 이때 집사님은 "아하! 고구마가 익을 때가 왔군!" 생각하며 상담을 하는데, 지금 대전에 가서 사위를 한번 만나 줄 수 있겠냐고 묻더랍니다. 그 날은 너무 바쁘고 갈 수 없는 상황이었지만 "네. 한번 해 보지요." 하고, 바로 대전으로 달려가서 사위를 만났습니다. 이 사위가 서울에서 자기를 찾아왔다고 했더니 두 말 하지 않고 마음을 열고 대화를 하더랍니다. 대화를 하다보니 그 사위도 학생 시절에는 교회에 다녔다고 합니다. 그래서 "아! 여기 또 익은 고구마가 있군!" 생각했다고 합니다. 대화를 마친 후에 지금 서울로 가서 장인과 함께 이야기하자고 서울로 데려왔습니다. 사위가 대문을 열고 들어가자마자 무릎을 꿇고 "아버님, 제가 잘못했습니다." 하며 울었습니다. 그러자 장모가 달려와 끌어안고, 장인도 붙잡고 울고, 딸도 "제가 잘못했어요." 하면서 울었습니다. 순식간에 화해가 이루어지고 결국 온 가정이 예수를 믿게 되었다고 합니다. 김기동 집사님은 전도에 부름을 받은 사람입니다. 소명감에 미친 사람입니다.

소명감을 회복하면 우리는 게으름에서 벗어나 부지런한 사람으로 바뀌게 됩니다. 중요한 것은 소명을 발견하는 것입니다. 우리는 '소명'이라고 하면 목사나 성직자들에게나 필요한 것이라고 생각하기 쉽습니다. 그러나 종교 개혁의 위대한 기여 가운데 하나는 '만인제사장'의 발견입니다. 우리 모두가 다 제사장입니다. 하나님이 우리 모두를 부르신다는 말입니다. 목사만 부르신 것이 아닙니다. 우리 모두에게도 소명이 있습니다. 종류가 다를 뿐이지 나름대로 각 사람에게 하나님이 주신 소명이 있습니다. 엎드려 기도하고 가만히 귀 기울여 보십시오. 우리가 엎드려 기도하면 주님은 우리의 이름을 부르시며 다가오십니다. 그리고 하나님께서 내가 해야 할 일, 하나님이 나에게 맡기시고자 한 일, 비록 작지만 나에게는 소중한 일, 나만이 할 수 있는 일, 바로 그 소명을 가르쳐 주실 것입니다. 우리가 그 소명을 발견한다면 그 순간부터 우리의 자세가 달라질 것입니다. 소명이 회복되는 순간 우리에게서 게으름은 물러가고 부지런함이 회복될 것입니다.

2) 자발적으로 하도록 훈련해야 합니다.

"개미는 두령도 없고 간역자도 없고 주권자도 없으되 먹을 것을 여름 동안에 예비하며 추수 때에 양식을 모으느니라"(잠언 6:7-8). 여기의 '두령'은 결정권을 가진 지도자를 말하며, '간역자'는 감독이나 경찰직책을 수행하는 모든 공직자들을 말합니다. 그리고 '주권자'는 사법권, 경찰권, 행정권 등 국민들에 대한 통제와 지배를 목적으로 하는 모든 권력을 상징합니다. 따라서 개미는 이런 감시자나 지도자가 없어도 자발적으로 일하고, 어려울 때를 미리 대비한다는 것을 가르쳐줍니다. 개미는 누가 시키지 않아도 자발적으로 합니다. 부지런함이 몸에 완전히 배인 것입니다.

우리가 하루아침에 부지런해지고 자발적으로 일하기가 쉽지 않기 때문에 미리 계획을 세우고 훈련해 나가야 합니다. 그러기 위해 시간 활용을 잘 해야 합니다.

우리 예수님도 아버지께서 일하시니 나도 일한다고 하셨습니다. 우리 예수님은 일 중독자는 아닙니다. 우리가 일을 한다고 하면 일에 중독되기 쉽습니다. 그러나 이것은 바람직한 것은 아닙니다. 우리 예수님에게는 언제나 여유가 있었습니다. 공중에 나는 새를 바라볼 수 있는 여유, 들에 핀 백합화를 바라볼 수 있는 여유가 예수님에게는 있었습니다. 그러나 동시에 복음서에 나타난 예수님을 관찰해 보면 낭비하는 시간이 전혀 없었습니다. 시간 낭비가 없었습니다. 예수님은 시간을 잘 활용하신 분입니다. 때로는 식사를 할 시간도 없이 바쁘셨습니다. 그러나 하루의 일과를 잘 분배하여 사용하시는 주님의 모습을 볼 수 있습니다. 예수님은 때를 계산하고 느끼면서 자신의 인생의 남은 때를 계산하면서 시간을 효과적으로 사용하셨습니다.

우리는 작은 목표를 설정하고 규칙적인 삶을 살아야 합니다. 예배생활에 대한 계획이 있어야 합니다. 기도생활에 대한 계획을 세워야 합니다. 성경 읽기에 대한 계획이 있어야 하고, 전도에 대한 계획이 있어야 합니다. 기도를 한다고 하면서도 기도에 대한 구체적인 계획이 없으면 그분은 기도에 열심을 내지 않는 분입니다. 예배를 잘 드린다고 하면서도 예배생활에 대한 구체적인 계획이 없으면 그분은 예배드리기를 소홀히 하는 분입니다. 성경을 읽는다고 하면서도 성경 읽기에 대한 구체적인 계획이 없으면 그분은 성경을 규칙적으로 제대로 읽지 않는 분입니다. 전도를 한다고 하면서도 전도에 대한 구체적인 계획이 없으면 그분은 전도를 열심히 하지 않는 분입니다.

게으른 사람의 특징 중 하나는 다음으로 미루는 것입니다. 왜 미루게 됩니까? 이유는 간단합니다. 다음 시간에 대한 계획이 없기 때문입니다. 다음 시간에 대한 구체적인 계획이 세워졌다면 절대 오늘 일을 다음으로 미룰 수 없습니다. 구체적으로 계획을 세워 계획대로 실천으로 옮겨야 게으름을 물리칠 수 있습니다.

우리 교회에도 매달 신앙점검카드를 나누어 드립니다. 이 카드에는 예배, 기도, 전도, 헌금, 봉사 등 우리 자신의 신앙을 스스로 체크해 볼 수 있는 모든 내용이 들어 있습니다. 즉 병원에 가면 건강진단카드가 있는 것처럼, 신앙점검카드는 우리의 영적 상태를 진단하는 카드입니다. 그런데 이 카드를 열심히 기록하는 분은 예배, 기도, 전도 등에 구체적인 계획을 세워 잘 실행하는 분이라 할 수 있고, 전혀 기록을 하지 않는 분들은 잘 실행하지 않는다고 볼 수밖에 없습니다. 저도 매일 기록하는 것을 원칙으로 하지만 바쁠 때에는 며칠씩 미루게 됩니다. 그때 다시 소급해서 기록하고 더 열심히 규칙적인 생활을 하려고 힘을 쓰게 됩니다. 우리 모두 이제부터라도 열심히 기록합시다. 이것이 게으름에서 탈출하여 부지런함을 회복하는 길입니다.

요한 웨슬레는 40년 간 목회를 하는 동안, 1년에 25만 마일을 여행했으며, 83세가 되었어도 하루 15시간 글을 썼고, 86세 때에는 기력이 약해져서 하루 2회 이상의 설교를 할 수 없다고 부끄러워했습니다. 86세 때에는 "내가 5시 반에 일어나다니!" 하며 게으른 자신을 한탄했다고 합니다.

성도 여러분, 우리는 게으른 사람입니까? 아니면 부지런한 사람입니까? 앞으로 우리의 인격을 다른 사람이 말할 때 게으른 자가 아니라 부지런한 사람으로 기억되어야 하지 않겠습니까? 게으름은 죄악입니다. 우리는 게으름이 습관화되는 것을 경계해야 합니다. 우리는 하나님께서 우리에게 주신 소명감을 회복함으로 부지런한 인격자로 변해야 합니다. 그리고 게으름에서 탈출하여 부지런한 인격자가 되기 위해 계획을 세우고, 세운 계획을 실천으로 옮겨야 합니다. 우리가 항상 기억하며 새겨야 할 말씀입니다. "부지런하여 게으르지 말고 열심을 품고 주를 섬기라"(로마서 12:11). 아멘.

P·e·r·s·o·n·a·l·i·t·y·o·f·C·h·r·i·s·t·i·a·n

나는 교만한 사람인가 겸손한 사람인가?

⁹또 자기를 의롭다고 믿고 다른 사람을 멸시하는 자들에게 이 비유로 말씀하시되 ¹⁰두 사람이 기도하러 성전에 올라가니 하나는 바리새인이요 하나는 세리라 ¹¹바리새인은 서서 따로 기도하여 가로되 하나님이여 나는 다른 사람들 곧 토색, 불의, 간음을 하는 자들과 같지 아니하고 이 세리와도 같지 아니함을 감사하나이다 ¹²나는 이레에 두 번씩 금식하고 또 소득의 십일조를 드리나이다 하고 ¹³세리는 멀리 서서 감히 눈을 들어 하늘을 우러러 보지도 못하고 다만 가슴을 치며 가로되 하나님이여 불쌍히 여기옵소서 나는 죄인이로소이다 하였느니라 ¹⁴내가 너희에게 이르노니 이 사람이 저보다 의롭다 하심을 받고 집에 내려갔느니라 무릇 자기를 높이는 자는 낮아지고 자기를 낮추는 자는 높아지리라 하시니라

누가복음 18:9-14

나는 교만한 사람인가 겸손한 사람인가?

인격은 그 사람을 보여줍니다. 그 사람의 인격이 어떠한가에 따라서 그 사람의 존재를 말해줍니다. 오늘 성경 본문에서는 두 사람의 인격을 소개하고 있습니다. 예수님은 한 바리새인과 세리 두 사람이 성전으로 기도하러 올라간 것을 비유로 교만과 겸손에 대해서 말씀합니다.

토마스 아퀴나스는 교만을 가리켜 "교만은 모든 죄악의 어머니"라고 말했습니다. 모든 죄악의 어머니는 교만입니다. 다시 말하면 모든 죄악들은 교만의 자식, 또는 교만 이외의 다른 모든 죄들은 바로 교만이라는 죄 때문에 파생한다고 할 수 있습니다. 교만이 분노를 낳고, 교만이 탐심을 낳습니다. 그래서 교만은 모든 죄악의 원천이라고 할 수 있습니다. 반면 브하그완은 "겸손은 신이 사람에게 내린 최고의 덕이다." T.S. 엘리어트는 "겸손은 미덕 중에서 가장 터득하기 힘든 덕목이다. 자기 자신을 높이려는 욕망보다 더 없애기 힘든 것은 없다."고 말했습니다.

사람의 인격에는 교만도 있고 겸손도 있습니다. 성경은 항상 교만을 경계하고 겸손을 추구하기를 가르칩니다. 그러면 "하나님의 백성인 나는 교만한 사람인가? 아니면 겸손한 사람인가?" 잘 진단해야 합니다.

1. 교만은 지나친 자기 중심이나, 겸손은 하나님 중심입니다.

"바리새인은 서서 따로 기도하여 가로되 하나님이여 나는 다른 사람들 곧 토색, 불의, 간음을 하는 자들과 같지 아니하고 이 세리와도 같지 아니함을 감사하나이다 나는 이레에 두 번씩 금식하고 또 소득의 십일조를 드리나이다 하고"(누가복음 18:11-12). 바리새인은 오직 자신의 것에 집중하는 자기 중심주의입니다. 이것은 아주 극단적인 자기 중심의 죄악이라고 할 수 있습니다. 본문 "또 자기를 의롭다고 믿고 다른 사람을 멸시하는 자들에게 이 비유로 말씀하시되"(누가복음 18:9)는 누구에게 하는 말입니까? 바로 이 비유는 자기를 의롭다고 믿고 다른 사람을 멸시하는 자들, 바로 바리새인들을 대상으로 하고 있습니다. 바리새인들은 자신들이야말로 의로운 사람들이라고 확신하고 있었습니다. 그러다 보니 다른 사람들은 자기들보다 의롭지 못하다고 보았습니다. 좀 심한 표현으로는 다른 사람들은 다 죄인이라고 생각했습니다.

물론 여기에서 경계하는 것은 지나친 자기 중심을 말합니다. 그렇다고 해서 자신을 폄하하며 학대하고 미워하라는 것은 아닙니다. 하나님께서 창조하신 자신을 소중히 여기고 사랑해야 합니다. 자기를 존중히 여기고 귀히 여긴다는 것은 인간의 정신 건강에 있어서 매우 중요합니다. 건강한 프라이드는 죄가 아닙니다. 건강한 프라이드는 병적 프라이드와 구별될 필요가 있습니다. 자기를 사랑하고 자기를 귀히 여기는 것은 절대 죄가 아닙니다. 그러나 자기만 사랑하는 것은 죄가 됩니다. 왜냐하면 자기만 사랑하게 되면 자기의 정당성을 옹호하기 위해 다른 사람을 중상하고, 모략하고, 비난하고, 파괴하기 시작합니다. 결국은 자존심을 넘어서 구체적인 죄악의 모습을 가지기 시작하기 때문입니다. 이것이 바로 교만의 시작이요, 교만은 일종의 자기 숭배의 죄악이라고 할 수 있습니다. 누군가가 교만을 정의하기를 "교만이라는 것은 자기 자신만이 즐길 수 있는 병"이라고 했습니다.

15세기의 설교자 중에 한 사람인 사보나 롤라의 글입니다. 어느 날 아침에 산책을 하다 보니 거기에 마리아 상이 있었습니다. 마리아 상 앞에는 꽤 나이가 들어 보이는 한 부인이 경건한 모습으로 참배하면서 아주 진지하게 기도하고 있는 모습

겸손한 사람이 됩시다

이 보였습니다. 그 이튿날에도 똑같은 시각에 그 부인이 왔습니다. 비가 오나 눈이 오나 바람이 부나, 사시사철 한결같이 같은 시각에 와서 마리아 상 앞에 참배하는 이 부인을 보았습니다. 사보나 롤라는 아주 깊은 감명을 받았습니다. "아주 신앙심이 깊은 분이로구나!' 생각했습니다. 어느 날 산책을 하다가 동료 사제를 만나서 그 부인을 가리키면서 말했습니다. "여보게, 내가 저 부인을 가만히 관찰해 보니 봄, 여름, 가을, 겨울 변함이 없소. 눈이 오나 바람이 부나 폭풍우가 몰아치나 똑같은 시각에 와서 저렇게 기도를 한단 말이야! 참 신앙심이 유별하지?' 그랬더니 옆에 있던 사제가 껄껄 웃으면서 하는 말이 "자네 모르는구먼!' 그래서 "뭘 모르나?' 반문했더니, "자네 스토리 모르나?" "무슨 스토리?" "옛날 이 성당에서 이 마리아 상을 처음 조각할 때에 조각가에게 위임을 했다네. 그런데 마리아 상의 모델을 찾았을 때 그 모델로 선정된 사람이 바로 저 부인이었다네. 그래서 이 마리아 상을 세운 이후로 그 이튿날부터 날마다 출근해서 지금까지 빠진 일이 없다네."

그 부인은 자기를 숭배하고 있었던 것입니다. 부인은 거기서 자기의 얼굴을 보면서 자기를 즐기며 숭배하고 있었던 것입니다. 이것이 교만입니다. 교만은 바로 원죄의 뿌리입니다.

사단이 에덴동산에서 처음 사람 아담에게 맨 처음으로 유혹을 한 것이 바로 "네가 하나님과 같이 되리라." 입니다. 내가 하나님이 될 수 있다는 생각이 바로 교만입니다. 교만은 자기 자신을 절대화하는 것입니다. 나 자신을 절대화한다든지, 혹은 나의 주장을 절대화시키는 것이 바로 그것이 교만입니다. 범죄 한 인간은 항상 잘못될 수 있습니다. 교만은 바로 이런 극단적인 자기 중심의 죄악입니다.

오늘 본문에 나오는 바리새인은 자기만 바라보는 자기 중심적인 반면, 세리는 오로지 하나님만 바라봅니다. 자신을 바라볼 것도 없고 내세울 것도 없습니다. 오직 주님만 바라볼 수밖에 없습니다. 이런 자세가 겸손입니다. "세리는 멀리 서서 감히 눈을 들어 하늘을 우러러 보지도 못하고 다만 가슴을 치며 가로되 하나님이여 불쌍히 여기옵소서 나는 죄인이로소이다 하였느니라"(누가복음 18:13). 그런데 우리가 놓쳐서 안될 것은 하나님은 바리새인보다 세리를 더 귀하게 보셨고, 더 의롭다고 판단하셨다는 것입니다. 자기 중심의 교만한 바리새인보다 하나님만 바라보는 하나님 중심의 세리를 더 겸손한 사람으로 인정하셨습니다.

우리는 매사를 지나치게 자기 중심으로 생각하고 행동하지 않습니까? 모든 것을 자신의 뜻과 생각대로 자신을 위해서만 사용하지 않습니까? 이것은 교만입니다. 말로는 "나는 못합니다. 나는 무능합니다. 나는 아무런 힘이 없습니다." 하면서 실제로는 자신의 뜻대로 모든 것을 다 하는 사람은 교만한 사람입니다. 겉으로는 겸손한 것처럼 하지만 사실은 지나친 자기 중심적입니다. 우리는 이렇게 살고 있지는 않습니까?

성도 여러분, 하나님의 백성은 모든 것들을 하나님 중심으로 생각하고 하나님의 중심대로 행동하고 움직여야 합니다. 나를 바라보는 것이 아니라 하나님을 바라보는 것이며, 나를 의지하는 것이 아니라 전적으로 하나님만을 의지하는 것입니다. 겸손한 사람은 말로만이 아니라 실제 생활 속에서 전적으로 하나님만을 의지하고, 하나님 중심적인 삶을 살아갑니다.

성도 여러분, 우리는 이런 겸손한 삶을 살아가야 하지 않겠습니까?

2. 교만은 지나친 우월감을 가진 것이나, 겸손은 자신의 무능함을 인정하는 것입니다.

바리새인의 모습을 봅시다. "바리새인은 서서 따로 기도하여 가로되 하나님이여 나는 다른 사람들 곧 토색, 불의, 간음을 하는 자들과 같지 아니하고 이 세리와도 같지 아니함을 감사하나이다 나는 이레에 두 번씩 금식하고 또 소득의 십일조를 드리나이다"(누가복음 18:11-12). 어떻습니까? 우월감으로 넘쳐있는 바리새인의 모습이지 않습니까? 11절에 보면, 바리새인과 세리가 같은 성전에 들어갔으나 기도하는 장소는 각기 다릅니다. 바리새인은 기도하는 자리조차 세리들과 구별해서

서서 따로 기도하고 있었습니다. 기도 자리를 구별했습니다. 이것은 바리새인들의 우월감입니다. 하나님의 성전 안에서 직접 예배를 인도하는 제사장을 제외한 모든 사람은 다 자유롭게 자리를 차지할 수 있습니다. 바리새인과 다른 사람들의 자리가 따로 구별되어 있다면 이것은 차별이요 지나친 우월주의입니다.

교회 안에는 자리에 구별이 없습니다. 예배를 인도하는 목사와 설교자, 그리고 찬양대나 특별히 안내하는 사람들 외에는 어느 자리에 앉아도 됩니다. 본당 앞이나 뒤에 앉아도 되고, 준 3층이나 아래층에서 아이들과 같이 영상을 보면서 예배드려도 됩니다. 예배드리기에 편리한 자리에 앉으면 됩니다. 새벽기도 시간에도 마찬가지입니다. 자기가 기도하기 좋고 편리한 곳을 찾아 앉으면 됩니다. 새벽기도를 늘 하시는 분은 자기 자리가 정해져 있습니다. 다른 분들도 남의 자리를 침범하지 않고 양보해 줍니다. 하나님의 교회에서는 누구든지 다 평등하게 자리를 잡아 기도하고 예배드립니다.

그런데 바리새인은 자리까지 구별시켰습니다. "나는 저 세리와 같은 죄인들과는 같이 기도할 수 없어. 나는 너와는 다른 존재야." 하고 세리들과 따로 서서 기도합니다. 이것은 지나친 우월주의요 교만입니다.

또한 11절을 자세히 보면, 두 번씩 반복되는 단어가 있습니다. "바리새인은 서서 따로 기도하여 가로되 하나님이여 나는 다른 사람들 곧 토색, 불의, 간음을 하는 자들과 같지 아니하고 이 세리와도 같지 아니함을 감사하나이다 나는 이레에 두 번씩 금식하고 또 소득의 십일조를 드리나이다"(누가복음 18:11-12). 어떤 단어입니까? '같지 아니하고' 입니다. 나는 다른 사람들, 곧 토색, 불의, 간음하는 자들과 같지 않고, 이 세리와도 다르다고 합니다. 바리새인들은 이 세리 족속들을 봤을 때 도저히 같이 할 수 없는 종류의 인간들로 보았습니다. 이것이 바로 우월감이요 우월 의식입니다. 이것은 바로 교만이 뿌리에 근거하고 있기 때문입니다. 물론 그 당시 세리들은 백성들로부터 인정을 받지 못했습니다. 로마 정부에 아부하고 민중들의 피를 빨아먹으며 착취하는 사람들로 인식되었고, 사회에서는 사람들에게 돌림을 받는 사람들이었습니다.

그러나 우리는 그들을 완전히 무시하고 사람 취급하지 않는 언행을 할 수 없습니다. 그들도 하나님의 형상대로 지음을 받은 존재요, 그들도 회개하고 구원받아야 할 구원의 대상으로 보아야 하기 때문입니다. 아무리 우리 주위에 술주정뱅이가 있고, 못된 습관에 빠져 나쁜 죄를 짓는 사람이 있더라도 우리는 그들을 완전히 무시하거나 냉소해서는 안됩니다. 그들도 예수 믿고 구원받을 대상이기 때문입니다. 우리도 모두 다 죄인들이었습니다. 허물과 죄로 죽었던 자들이었습니다. 그러나 예수님 때문에 우리가 구원받아 거룩한 백성이 되어 성별된 삶을 살아가지 않습니까? 그러므로 우리를 너무 우월하다고 생각해서는 안됩니다.

사도 바울은 지성인이었습니다. 학문이 출중하고 로마의 시민권을 가진 자요, 랍비의 칭호를 받던 자였습니다. 그런 그가 수많은 죄인들을 만나 복음을 전하며 회개시켰습니다. 귀신들린 자도 만나서 복음을 전했습니다. 병자들과 로마 총독과 군인들에게도 복음을 전했습니다. 배를 타고 가던 선장과 선원들에게도 복음을 전했고, 멜리데섬의 원주민들에게도 복음을 전했습니다. 전혀 우월감이나 배타의식이 없었습니다.

우리 예수님은 어떠했습니까? 빈부귀천을 가리지 않으시고 누구에게나 복음을 전하며 그들과 함께 하셨습니다. 주님의 제자들의 신분은 어떠했습니까? 주로 그 당시에 가난하고 무식한 어부들이었습니다. 그러나 주님은 그들과 의식주를 같이 하시면서 3년 동안 지내셨습니다. 전혀 우월감이 없었습니다.

우리 자신을 돌아봅시다. 우리는 이웃들과 교제할 때에 지나치게 선택적으로 교제의 폭을 좁히고 있지는 않습니까? "나는 저런 사람들과 절대로 상대하거나 교제하지 않겠다. 최소한 이 정도의 수준은 되어야 해." 이런 생각이 있다면 우리의 마음과 의식의 밑바탕에는 숨겨진 우월감이 있다는 것입니다.

겸손한 사람이 됩시다

이것은 교만입니다. 뿐만 아니라 이웃들에게 지나치게 공격적이며 아주 비판적인 자세를 갖고 있지는 않습니까? 항상 남의 잘못만 눈에 들어오고, 섭섭한 것만 생각이 나고, 자신의 부족함을 깨닫지 못하는 경우는 없습니까? 이것이 바로 다른 사람의 눈 속에 있는 조그만 티는 보면서 자기의 눈 속에 있는 커다란 들보는 보지 못하는 것입니다. 이것이 바로 우월감이요 교만입니다. 자기가 남을 비판할 때는 아주 건설적이고 옳은 비판이라고 말하면서, 남들이 자기를 비판할 때는 그것은 부정적이며 파괴적인 비판이라고 말하는 사람들이 있습니다. 이것이 바로 교만이라는 병입니다.

이 우월감에 사로잡힌 교만한 바리새인 한 사람이 가정에 있으면 가정 전체가 고통을 받습니다. 교회 안에 이런 교만한 사람이 있으면 교회 전체가 어려움을 당합니다. 또한 기관이나 구역, 또는 한 공동체에 안에 있으면 공동체 전체가 고통을 받게 됩니다. 이런 교만한 사람들의 공통점은 벽을 쌓는 일입니다. 이웃들과 나 사이에 계속해서 벽을 쌓습니다. 결국 자기가 좋아하는 사람들과만 패를 이루면서 계속 파벌의 벽을, 단절의 벽을 쌓는 사람들입니다. 이것이 바로 바리새인의 지나친 우월주의요 교만입니다.

반면 바리새인과 대조적으로 세리는 겸손합니다. "세리는 멀리 서서 감히 눈을 들어 하늘을 우러러 보지도 못하고 다만 가슴을 치며 가로되 하나님이여 불쌍히 여기옵소서 나는 죄인이로소이다 하였느니라"(누가복음 18:13). 세리는 성전 안에 들어가서도 가까이 앞으로 나가지 못합니다. 멀리 서서 감히 얼굴을 들지 못한 채 가슴을 치며 "나를 불쌍히 여기옵소서. 나는 죄인입니다."라고 고백합니다. 세리는 자신의 무능함을 인정합니다. 전혀 자신이 다른 사람보다 우월하다는 생각을 못합니다. 오직 죄인임을 고백합니다. 이런 사람이 겸손한 사람입니다.

미국의 어떤 사업가가 호텔을 찾아와 투숙할 방을 요청했으나, 그 날은 만원이라 방을 얻지 못했습니다. 낙망한 표정으로 걸어나가는 그에게 어떤 신사가 말했습니다. 지금은 어디를 가도 방을 구할 수 없다며 자기와 동숙하자고 했습니다. 그 사업가는 안도의 한숨을 내쉬며 신사의 고마운 제의를 받아들였습니다. 방을 내어 준 신사는 잠자리에 들기 전에 열심히 기도하는데, 동숙하는 사업가와 그의 사업을 위해서도 간절히 기도했습니다. 아침에 일어나자 성경 읽을 시간이라며 성경을 읽고 난 후에 열심히 기도했습니다. 그리고 아침 식사를 같이 하고 헤어질 시간이 되었습니다. 어제는 서로 간단하게 소개를 했지만, 한 방을 같이 쓴 친숙한 사이이므로 서로 명함을 교환했습니다. 신사의 명함에는 윌리엄 제임스 오브라이엔이라고 적혀 있었습니다. 사업가가 의아스럽다는 듯이 "국무장관하고 이름이 똑같군요!" 하고 말했습니다. 그러자 신사의 겸손한 어투로, "네, 같은 인물입니다."라고 대답했습니다. 사업가는 그토록 겸손하고 사랑이 넘치며, 섬기는 자세를 가진 오브라이엔 장관으로부터 큰 감화를 받았습니다. 그리고 그에게서 그리스도의 모습을 발견할 수 있었다고 합니다.

죽은 나무는 지나치게 휘면 부러지지만 살아 있는 나무는 부러지지 않습니다. 오브라이엔 장관의 살아 있는 신앙이 그를 그렇게 겸손하게 했고, 참된 사랑의 빛을 발하게 했습니다. 겸손한 사람들은 이웃과 나 사이에 다리를 놓는 사람들입니다. 불평이나 원망을 만들지 않습니다. 겸손한 사람은 평화의 다리와 사랑의 다리를 만들고, 그리고 긍정적이고 희망이 있는 비전과 꿈의 다리를 만듭니다.

3. 교만은 자기를 속이는 죄악이요, 겸손은 자기의 죄악을 바로 아는 것입니다.

바리새인의 기도는 교만으로 가득합니다. 그의 기도는 자신을 속이고 하나님까지 속이려 합니다. 교만은 하나님 앞에서도 자기를 속이는 죄악이라고 할 수 있습니다. 바리새인의 기도를 봅시다. "바리새인은 서서 따로 기도하여 가로되 하나님이여 나는 다른 사람들 곧 토색, 불의, 간음을 하는 자들과 같지 아니하고 이 세리와도 같지 아니함을 감사하나이다 나는 이레에 두 번씩 금식하고 또 소득의 십일조를 드리나이다"(누가복음 18:11-12). 여기서 강조되는 단어가 있습니다. 그것은 '나는'이라는 말입니다. 우리말에는 두 번 나오지만 원문에 더 많습니다. "나는 이 세리와 같지 않습니다. 나는 감사합니다. 나는 금식을 합니다. 나는 내가 얻은 것 중에서 십일조를 합니다." 이것은 기도하는 것이 아니라 자기 자랑을 하고 있는 것입니다. 바리새인은 자신의 PR을 하고 있습니다. 기도의 형태를 빌리고 있지만 그의 기도는 하나님 앞에서도 자기 선전과 자기 자랑에 몰두하고 있을 뿐입니다.

기도할 때는 항상 주님이 주체가 되어야 합니다. 이렇게 기도해야 합니다. "하나님, 이 죄인이 주님 앞에 왔습니다. 하나님은 저의 모든 것을 다 아십니다. 하나님, 저를 불쌍히 여겨 주십시오. 하나님이 도와주셔야 합니다. 하나님의 능력이 있어야 합니다. 하나님께서 은혜를 주시옵소서. 주의 성령으로 충만케 하옵소서." 그런데 이 바리새인은 자기의식에서 벗어나지 못합니다. 하나님께 자신의 모습을 바로 아뢰지 못하고 자기를 속이고 있습니다. 이것이 죄악입니다. 자신의 모습을 바로 보지 못하는 기도는 잘못된 것입니다. 우리는 체크해 보아야 합니다. "내가 하나님 앞에서 지금 바로 하고 있는가? 내가 하나님 앞에서 부족한 것이 무엇인가? 내가 하나님 앞에서 온전한 예배생활을 하는가? 내가 하나님 앞에서 헌신을 바로 하고 있는가? 내가 하나님께 서원한 것은 지키고 있는가?" 이것을 지금 바로 보지 못한다면 우리 자신을 바로 보지 못하고 있다고 보아야 합니다. 그것은 자기를 속이는 죄악이요 교만입니다. 하나님을 속이려는 것입니다. 이것은 교만입니다. 그렇다면 이런 기도는 아무리 많이 해도 변화가 없습니다. 역사가 일어나지 않습니다. 자신을 바로 알지 못하기 때문입니다. 자신의 연약함과 자신의 죄악을 알지 못하면 결코 기도는 역사가 일어나지 않습니다.

성도 여러분, 우리는 진실한 기도를 해야 합니다. 우리 자신을 바로 알고 기도해야 합니다. 자신의 연약함을 바로 알고 기도해야 합니다. 세리의 기도는 진실합니다. 왜냐하면 자신의 죄악을 바로 알고 기도하기 때문입니다. "세리는 멀리 서서 감히 눈을 들어 하늘을 우러러 보지도 못하고 다만 가슴을 치며 가로되 하나님이여 불쌍히 여기옵소서 나는 죄인이로소이다 하였느니라"(누가복음 18:13). 세리의 기도하는 모습은 한마디로 진지하고 솔직합니다. 자신의 죄악을 바로 알고 있습니다. 이런 진실한 기도는 사람을 변화시킵니다.

우리는 자신이 죄인임을 바로 알고 솔직하게 인정하고, 진실하게 하나님만 바라보는 기도가 되어야 합니다. 하나님은 우리의 모든 것을 다 아십니다. 우리의 치부를 다 들여다보고 계십니다. 결코 우리는 하나님을 속일 수는 없습니다. 주님은 내가 잊어버리고 있는 모든 죄악까지도 다 알고 계십니다. 우리 마음의 생각까지도 다 감찰하십니다. 사람은 속일 수 있어도 하나님은 속일 수 없습니다. 그러므로 우리는 하나님 앞에 기도할 때 솔직하고 진실해야 합니다. 우리는 진지하게 기도하면서 인생이 변하는 사람들을 볼 수 있습니다. 기도할 때에는 자신의 있는 모습 그대로 노출해야 합니다. 내 속에 있는 부조리, 내가 숨기고 있던 내 속에 있는 모든 상처를 살아 계신 주님 앞에 있는 그대로 다 드러내 놓아야 합니다. 그리고 하나님의 도우심과 자비와 긍휼을 구할 때 이 사람의 삶 속에는 변화가 일어납니다. 이것이 겸손입니다. 하나님은 겸손한 자의 기도에 응답하십니다.

성도 여러분, 우리의 기도는 어떠합니까? 세리와 같은 기도를 하고 있습니까? 가장 중요한 것은 하나님의 평가입니다. 하나님은 이 두 사람의 기도를 어떻게 평가하셨습니까? "내가 너희에게 이르노니 이 사람이 저보다 의롭다 하심을 받고 집에 내려갔느니라 무릇 자기를 높이는 자는 낮아지고 자기를 낮추는 자는 높아지리라 하시니라"(누가복음 18:14). 이 말은 세리가 죄가 없는 완전무결한 사람이란 뜻은 아닙니다. 바리새인은 자신이 말한 것처럼 간음이나 도둑질도 하지 않았습니다. 그러나 하나님 앞에서 정직하지 못하고 교만한 것이 그의 잘못입니다. 바리새인 그가 잊어버렸던 것은 자신이 죄인이라는 사실입니다. 그는 지나친 자기 중심의 죄를 범하면서 상대방을 무시했습니다. 지나친 우월감으로 의로운 척 했습니다. 그는 하나님 앞에서 많은 죄를 범하며 약속을 지키지 않은 것이 많았음에도 불구하고, 전혀 죄가 없는 의로운 사람처럼 자신을 속이고 하나님까지 속이려 한 것입니다. 그래서 그는 교만한 사람입니다.

반면 세리는 자신의 모습을 숨기려 하지 않았습니다. 하나님 앞에서 자신이 죄인임을 고백하고 오직 하나님의 긍휼을 바라고 의지했습니다. 그는 진실하고 솔직하게 자신의 죄악된 모습을 그대로 보여주고 있습니다. 물론 그가 지은 간음죄, 도둑질한 죄가 결코 의로운 것은 아닙니다. 그러나 그는 자신을 속이지는 않았습니다. 하나님을 속이려 하지도 않고 하나님께 모든 것을 다 내어놓았습니다. 오직 하나님의 처분만을 바라고 눈물을 흘리며 기도했습니다. "하나님, 저는 죄인입니다. 주님이 나의 모든 것을 다 아시지 않습니까? 주님, 정말 잘못했습니다. 용서해 주십시오. 불쌍히 여겨주십시오. 저를 새롭게 해주십시오. 정말 진실하게 살겠습니다." 그는 겸손한 사람이었습니다. 하나님 아버지의 평가는 "이 세리가 저 바리새인보다 더 의롭다." 함을 받았다고 성경은 기록하고 있습니다.

성도 여러분, 오늘 날에도 기도하면서도 아직 변화되지 못한 사람들이 있습니다. 아직도 기도 중에서도 자기를 숨기며 자신의 잘못을 덮으려는 사람이 있습니다. 아직도 모든 것을 다 아시는 하나님 앞에서도 자신을 숨길 수 있다고 착각하는 사람들이 있습니다. 아직도 포기하지 않은 교만에 지배당하고 있는 사람들이 있습니다. 이것은 예수님께서 가장 미워하시는 위선입니다. 우리는 당연히 겸손한 세리의 기도를 본받아야 할 것입니다. 하나님은 바리새인처럼 진실하지 못하고, 자신의 진실한 모습을 포장해서 감추고, 오히려 자신의 PR에 분주한 사람을 외면하십니다. 그러나 세리처럼 진실하게 있는 모습 그대로를 십자가 앞에 가지고 나와서 하나님의 도우심을 구해야 합니다. "주님, 저는 죄인입니다. 저는 오직 주님만 의지합니다. 저를 불쌍히 여겨주시고 저를 새롭게 해 주십시오." 이렇게 주님을 의지하고, 그분의 도움과 용서를 구하면서 그리스도를 의지할 때, 하나님께서 그를 의롭다고 선포하십니다. 즉 믿음으로 의롭다함을 받습니다. 자신의 죄인됨을 인정하고 고백하며 십자가 앞에 나와서 예수를 믿는 순간 오히려 그는 의롭다하심을 받습니다. 이것이 복음입니다.

성도 여러분, 교만한 사람은 하나님의 도우심을 받을 수 없습니다. 다른 말로 하면 교만한 사람은 구원받을 수 없습니다. 왜냐하면 이 사람은 하나님의 도움을 필요로 하지 않는 사람이기 때문입니다. 자신의 의를 자랑하고 있는 사람, 이 사람의 구세주는 자기 자신이 됩니다. 이 사람에게는 예수님의 십자가와 부활의 은혜가 필요하지 않는 사람입니다.

성도 여러분, 우리에게 필요한 것은 세리의 마음과 같은 겸손입니다. 우리 주님은 "심령이 가난한 자는 복이 있나니 천국이 저희 것임이요"라고 산상설교에서 가르쳐주셨습니다. 하나님의 나라를 얻을 수 있는 사람이 누구입니까? 마음이 가난한 사람입니다. 즉 나의 부족함을 알고, 자기의 모든 부족하고 궁핍한 것을 주님 앞에 드러내는 사람입니다. 그 사람이 하나님의 통치를 받고, 하나님의 나라를 소유할 수 있다고 가르칩니다.

반면에 바리새인처럼 자기의 부요를 자랑하는 사람, 자신의 정체를 바로 알지 못하는 교만한 사람은 하나님이 도와주실 필요가 없습니다. 이런 사람은 구원의 희망이 없는 사람입니다. 이런 자세를 가진 사람은 복음을 깨닫고 예수를 믿는다고 해도 교만 때문에 하나님의 더 깊은 은혜와 더 깊은 축복을 경험할 수 없습니다. 여전히 그는 하나님의 축복에서 단절된 생애를 살게 될 것입니다.

성도 여러분, 우리는 "나는 교만한 사람인가? 아니면 겸손한 사람인가?"를 항상 기억하고 체크해야 합니다. 교만은 모든 하나님의 은혜와 축복을 거부하게 만드는 죄악입니다. 하나님은 교만한 사람을 싫어하시는 반면, 겸손한 사람을 사랑하시고 은혜를 베푸십니다. 교만은 사탄의 본질입니다. 그래서 사탄은 우리에게 끊임없이 교만한 마음을 유혹하고 미혹합니다. 그리고 하나님을 대적하게 하고 결국은 영원한 심판을 받게 만듭니다. 마귀는 그 영원한 심판을 향해 가면서도 끝끝내 회개를 거절하고, 그리고 영원한 파멸의 운명으로 함께 갈 자기의 동료들을 모집하고 있습니다. 그래서 인간 안에서 교만을 충돌질 하는 이것이 바로 사탄의 공작이며 역사입니다.

우리는 사탄의 도전을 경계해야 합니다.

그러면 우리는 어떻게 이런 교만의 죄를 극복할 수 있습니까? 세리처럼 겸손해지는 길밖에 없습니다. 우리는 세리의 자리에 서서 세리의 자세를 가져야 합니다. 그리고 세리의 기도를 배워야 합니다. "하나님, 저를 불쌍히 여겨 주옵소서." 이것이 세리의 기도입니다. 자신을 의지하지 말고 하나님의 도우심을 구해야만 합니다. 겸손해야 합니다.

겸손에 대해서 이런 표현을 한 사람이 있습니다. "겸손한 사람은 한 손으로 하나님의 손을 붙들고 하나님의 도우심을 구하면서, 또 다른 한 손으로는 이웃의 손을 붙들고 인생을 따뜻하게 걸어가는 사람, 이 사람이 겸손한 사람이다." 반면 "교만한 사람은 하나님의 손을 뿌리치고, 그리고 이웃들의 손도 뿌리치고, 그리고 고독한 파멸을 향해서 달려가는 사람이다." 이제 우리는 선택해야 합니다. "바리새인의 자리에 계속 머물 것인가? 아니면 세리의 자리에 설 것인가?"를 결단해야 합니다.

성도 여러분, 우리는 교만을 넘어서야 합니다. 그리고 주 앞에 참 겸손한 자로 내려와야 합니다.

우리가 잘 알고 있는 이야기입니다. 고당 조만식 장로가 섬기는 교회에서 담임목사를 청빙하기 위해 마산에 있는 주기철 목사를 찾아가 무릎을 꿇고 앉았습니다. "장로님, 편히 앉으십시오." 스승에 대한 예의로 주 목사는 깍듯이 말했습니다. "당치 않습니다. 전에는 제가 교장이었고 목사님은 학생이었지만, 지금은 목사님은 귀하신 하나님의 종이고 저는 그 종을 받드는 장로올습니다. 편좌하라 마십시오." 노 스승의 믿음에서 나온 겸손이었습니다.

어느 주일이었습니다. 예배드리러 가려는 조 장로에게 손님이 찾아왔습니다. 조 장로는 손님과 얘기하다 그만 예배시간에 늦었습니다. 설교하던 주 목사는 늦게 들어오는 조 장로에게 "장로님, 오늘은 의자에 앉지 말고 서서 예배를 드리십시오."하고 말했습니다. 옛 스승인 노 장로에게 너무나 가혹한 처사였습니다. 그러나 조 장로는 그대로 순종했습니다. 설교를 마친 주 목사는 조 장로에게 기도를 하라 했습니다. 조 장로가 "하나님 아버지, 이 죄인을 용서하여 주옵소서. 애국운동 한다고 사람을 만나다가 하나님을 만날 예배시간에 늦었습니다. 목사님이 얼마나 마음이 아프시면 설교하다 말고 이토록 책망하셨겠습니까? 하나님의 종을 마음 아프게 한 죄를 사하여 주옵소서. 은혜로운 설교를 듣던 성도들이 은혜 받는 것을 방해한 죄를 용서하여 주옵소서." 하며 눈물로 기도하자, 주 목사와 온 교우들이 함께 울었습니다. 사람들은 "과연 그 스승의 그 제자요, 그 목사의 그 장로"라며 칭송했습니다.

성도 여러분, 우리는 자기 중심이 아니라 하나님 중심으로 변화되어야 합니다. 지나친 우월감을 다 버리고 하나님 앞에 진실하게 서야 합니다. 모든 것을 다 아시는 하나님과 자신에게 속이려 하지말고 하나님 앞에서 진실해야 합니다. 이것이 바리새인의 자리에서 세리의 자리로 내려오는 것입니다. 이때 하나님의 은혜가 넘치게 됩니다. 우리는 세리의 기도를 배워야 합니다. "세리는 멀리 서서 감히 눈을 들어 하늘을 우러러 보지도 못하고 다만 가슴을 치며 가로되 하나님이여 불쌍히 여기옵소서 나는 죄인이로소이다" 아멘.

P·e·r·s·o·n·a·l·i·t·y·o·f·C·h·r·i·s·t·i·a·n

주는 자의 풍성한 축복 생활

³⁷비판치 말라 그리하면 너희가 비판을 받지 않을 것이요 정죄하지 말라 그리하면 너희가 정죄를 받지 않을 것이요 용서하라 그리하면 너희가 용서를 받을 것이요 ³⁸주라 그리하면 너희에게 줄 것이니 곧 후히 되어 누르고 흔들어 넘치도록 하여 너희에게 안겨 주리라 너희의 헤아리는 그 헤아림으로 너희도 헤아림을 도로 받을 것이니라

누가복음 6:37-38

주는 자의 풍성한 축복 생활

어느 무더운 여름철이었습니다. 어떤 사람이 광야를 지나가다가 그만 길을 잃고 말았습니다. 그는 온종일 뜨거운 태양이 내리쬐는 가운데 광야를 헤매고 다녔습니다. 갈증과 피곤으로 인해서 거의 초죽음이 되다시피 했을 때, 그의 눈에는 저 멀리 낡은 오두막집 한 채가 보였습니다. 그는 안간힘을 다 써서 그 집에까지 이르렀습니다. 아무도 살고 있지 않은 다 쓰러진 오두막집이었습니다. 그는 기대하는 마음으로 집 주변을 훑어보았습니다. 한 쪽 곁에 아주 오래되어서 새빨갛게 녹이 슨 펌프가 하나 있었습니다. 그는 기대하는 마음으로 있는 힘을 다해서 펌프질을 했습니다. 그러나 아무리 오랫동안 힘껏 펌프질을 해도 펌프에서는 "삑삑!" 소리만 날 뿐 물은 올라오지 않았습니다. 그는 어쩔 수 없이 펌프질하는 것을 중단했습니다. 그는 낙심이 되었습니다. 그는 다시 한번 집 주변을 주의 깊게 살펴보던 중, 펌프 바로 옆에 항아리가 하나 놓여있는 것을 발견하게 되었습니다. 그는 항아리의 뚜껑을 열어보았습니다. 그 속에는 물이 들어있었으나 너무 오랫동안 고여있어서 이미 색깔이 새까맣게 변해 있었습니다. 그런데 항아리 뚜껑에는 메모지 한 장이 붙어 있었고, 그 메모지에는 이런 글이 적혀있었습니다. "친구여, 여기 있는 물을 다 펌프에 부어서 펌프질을 하십시오. 그리고 당신이 돌아갈 때는 잊지 말고, 반드시 이 항아리에 새 물을 가득 채우고 가시오." 그는 그 글을 읽고 나서 잠시 어떻게 할지 망설였습니다. "비록 썩은 물이지만 그 물을 마시고서 일단 갈증을 면하는 것이 좋을까? 아니면 목이 말라서 죽게 되더라도 메모지의 글대로 한번 모험을 해볼까?" 그는 망설이다가 드디어 결단을 내렸습니다. 조금 미심쩍기는 하지만 그래도 메모지의 글대로 한번 해보기로 했습니다. 항아리의 물을 다 펌프에 부었습니다. 그리고 계속해서 펌프질을 했습니다. 한참 펌프질을 했는데도 물은 나오지를 않습니다. 그는 후회로운 생각이 들었습니다. "이럴 줄 알았더라면 차라리 썩은 물이라도 먹고 갈증을 면하는 것이 더 나았을 텐데…" 그러나 물은 이미 다 부었으므로 어쩔 도리가 없었습니다. 그래도 그는 계속해서 펌프질을 했습니다. 한참동안 펌프질을 하자 드디어 물이 한 방울씩 '똑똑' 떨어지기 시작했습니다. 조금 있으니 시원한 물줄기가 콸콸 쏟아졌습니다. 생수가 터진 것입니다. 그는 시원한 생수로 갈한 목을 축여 원기를 회복했습니다. 그리고는 메모지에 있는 말대로 항아리에 시원한 생수를 가득 채웠습니다. 그리고 난 뒤에 그는 메모지 밑에 한 줄을 더 써넣었습니다. "친구여! 이 말을 믿으시오. 반드시 그대로 될 것이오. 얻기 전에 먼저 있는 것을 과감하게 주어 버리시오. 그리하면 반드시 풍성하게 얻게 될 것입니다."

사랑하는 성도 여러분, 우리도 풍성한 삶을 살아야 합니다. 예수님은 말씀하셨습니다. "주라 그리하면 너희에게 줄 것이니 곧 후히 되어 누르고 흔들어 넘치도록 하여 너희에게 안겨 주리라 너희의 헤아리는 그 헤아림으로 너희도 헤아림을 도로 받을 것이니라"(누가복음 6:38).

성도 여러분, 우리는 주는 자의 삶을 살아야 합니다.

1. 우리는 주는 생활을 해야 합니다.

"주라 그리하면 너희에게 줄 것이니 곧 후히 되어 누르고 흔들어 넘치도록 하여 너희에게 안겨 주리라 너희의 헤아리는 그 헤아림으로 너희도 헤아림을 도로 받을 것이니라"(누가복음 6:38). '주라' 는 말은 명령형으로 '다른 사람들의 곤궁을 구제하기 위해 공급할 수 있는 모든 선물을 주라' 는 뜻입니다. 또한 '받기를 바라기 전에 먼저 베푸는 사람이 되라' 는 말입니다. 이것은 사랑의 구체적인 행위를 가리킵니다. 인류 역사상 가장 위대한 주는 삶을 살았던 분은 우리 주 예수 그리스도 이십니다. "하나님이 세상을 이처럼 사랑하사 독생자를 주셨으니 이는 저를 믿는 자마다 멸망치 않고 영생을 얻게 하려 하심이니라"(요한복음 3:16). 오늘 본문의 '주다' 는 말 'δίδωμι' (디도미)는 '독생자를 주셨다' 는 말에도 같이 사용되었습니다. 예수님의 삶 자체가 주는 삶이었습니다. 예수님도 친히 '주는 것이 받는 것보다 복이 있다' 고 말씀하셨습니다. 풍요로운 삶을 사는 비결은 주는 것입니다.

성도 여러분, 사해는 죽음의 바다요 갈릴리는 생명의 호수입니다. 왜 사해가 죽음의 바다가 되었습니까? 받기만 하고 줄 줄을 모르기 때문입니다. 움켜쥐기만 하기 때문입니다. 그래서 죽음의 바다가 되었습니다. 물고기도 살지 못하고, 염분만 가득한 소금 바다로 관광객들의 방문만 있을 뿐입니다. 그러나 갈릴리 바다는 다릅니다. 맑고 깨끗한 물로 풍요롭습니다. 그 속에는 수많은 물고기가 뛰놀며, 주변에 있는 수목들도 아름답습니다. 왜 그렇습니까? 물이 고여있지 않고 계속해서 순환하기 때문입니다. 요단강을 통해서 자기의 물을 내려보낼 줄 알기 때문입니다. 여기에서 주는 교훈은 무엇입니까? '주라' 는 것입니다. 주면 풍성한 삶을 살 수 있습니다. 주면 살고 주지 않으면 죽는다는 원리가 아니겠습니까? 구원받은 하나님의 백성은 나누어주는 삶, 주는 삶을 살아야 한다고 예수님은 말씀하십니다. 예수님은 우리에게 '주라' 고 말씀하시면서 거기에 아무런 조건도 덧붙이지 않으셨습니다. 하나님의 백성인 성도는 주는 삶을 인생의 목표로 정하고 살아야 합니다. 세상을 살아가는 사람 중에 좋은 결과를 가져오는 삶은 반드시 '주는 목표'를 정한 사람입니다. 사람은 대접받기를 원하고, 사랑받기를 원하고, 칭찬 받기를 원합니다. 그러나 자신이 남에게 원하는 사람은 많지만 남에게 행하는 사람은 드뭅니다. 대부분의 사람들이 그렇게 살아가고 있으니 세상에는 행복한 사람이 있을 수 없습니다.

성경은 우리에게 행복한 삶을 원한다면 오히려 남에게 실천하도록 말씀합니다. 물질이든 마음이든 주는 사람이 성공하고, 주는 사람이 복된 자리로 나아가게 되며 기적을 경험하게 됩니다. 기독교는 주는 종교입니다. 하나님은 우리에게 천지만물을 창조해 주셨고, 우리를 사랑하사 독생자를 주셨고, 날마다 우리에게 좋은 것으로 먹이시고 입히시며 길러주시는 우리들의 목자이십니다. 예수님은 이 땅에 오셔서 우리를 위해 생명까지 주시고, 우리의 죄를 사하여 주시고, 구원하여 주시고, 하나님의 자녀로 만들어 주시기 위해 피 한 방울도 남김없이 다 주셨습니다. 성령님도 우리에게 끊임없이 권고하시고, 인도하시고, 사랑하시며, 위로하시고, 용기를 주시는 분입니다. 이렇게 삼위 하나님께서는 우리에게 끊임없이 주시는 분입니다. 하나님 나라도 우리에게 주시기 때문에 영원히 변함이 없으며 하나님의 사랑이 영원합니다. 주는 사랑은 영원한 반면, 받는 사랑이나 빼앗는 사랑은 영원할 수 없습니다.

1) 누구에게 주어야 합니까?

'누구에게든지(whoever) 주라'고 성경은 말씀합니다. 스데반 집사를 한번 생각해 보시기 바랍니다. 그는 아무런 잘못이 없었습니다. 그는 동료들에 의해 억울하게 돌에 맞아 죽었습니다. 그럼에도 불구하고 그는 자기를 돌로 치는 원수들까지도 용서해 주었습니다. 그들을 위해 기도해 주었습니다. "주여, 이 죄를 저들에게 돌리지 마옵소서." 그가 원수까지도 사랑해 주고, 그들을 위해 기도해 줄 때 그 마음이 얼마나 풍요로웠겠습니까? 그 고통 속에서도 스데반 집사의 얼굴은 천사처럼 환하게 빛났다고 성경은 기록합니다. 주는 자가 복이 있습니다.

2) 언제 주어야 합니까?

어느 때에든지 주어야 합니다. 있을 때에는 주고 없으면 주지 않는 것입니까? 아닙니다. 아무 때라도 주라고 성경은 말씀합니다. 내가 주고자 하는 마음이 있어야 됩니다. 베드로와 요한이 기도하기 위해 성전으로 올라갔습니다. 그 곳에는 태어나면서부터 앉은뱅이 된 자가 구걸하고 있었습니다. 그는 무엇인가를 바라는 심정으로 베드로와 요한을 주목해서 보았습니다. 그때 베드로가 무엇이라고 소리쳤습니까? "베드로가 가로되 은과 금은 내게 없거니와 내게 있는 것으로 네게 주노니 곧 나사렛 예수 그리스도의 이름으로 걸으라 하고"(사도행전 3:6). 베드로가 외칠 때 그는 벌떡 일어났습니다. 기적이 나타났습니다. 그는 걷기도 하고, 뛰기도 하면서 하나님을 찬미했습니다. 하나님께 영광을 돌렸습니다. 언제든지 주고자 하는 마음이 있는 곳에는 풍요로운 역사가 일어납니다.

3) 어디에서 주어야 합니까?

어디에서든지 주어야 합니다. 가정이나 직장에서도 주는 삶을 살고, 학교에서도 주는 마음으로 살고, 교회에서조차도 늘 주는 마음으로 살아가야 됩니다. 그래야 복 있는 사람입니다.

유대인의 전승인 미드라시의 이야기입니다.
모세가 죽기 전에 구제에 대해 강의했습니다. "만일에 구제를 잘 하면 나중에는 다 잘 살게 되어 돈을 꾸는 이도 사라지게 될 것입니다."
질문: "구제할 사람은 많고 돈은 한정돼 있다면 누구부터 구제해야 합니까?"
대답: "먼저 가족, 그리고 유대인, 그리고 이방인 순서로 해야 합니다."
질문: "가난한 이가 두 번째로 와도 구제해야 합니까?"

대답: "오기를 그치지 않으면 주기를 그치지 말아야 합니다."
질문: "내 소득 중에서 얼마를 내놓아야 가장 적당한 구제가 됩니까?"
대답: "10분의 1이 가장 적당합니다."
질문: "만일 내가 구제할 비용을 다 썼는데 또 오면 빈손으로 돌려보내도 됩니까?"
대답: "돈이 없다면 친절을 주십시오. 이는 돈보다 더 큰 것을 주는 것이 됩니다."

그리스도인은 주님을 본받아 주는 삶을 사는 사람들입니다. 주는 곳에 은혜가 넘치고 축복의 기적이 나타납니다. 현대인의 불행은 이기심에서 출발합니다. 남을 이용하고 괴롭히고 울리고 슬프게 하는 사람의 가정은 행복할 수 없습니다. 성도는 자신이 감사하는 마음으로 봉사하고, 땀흘리며 수고할 때에 만족함과 평안이 찾아옵니다. 하나님은 하나님과 이웃을 향해 헌신하며 사모하는 성도들의 그릇을 당신의 사랑과 축복으로 채우시고 날마다 충만하게 역사하실 줄 믿습니다.

성도 여러분, 우리의 삶이 죽음의 바다처럼 적막하고, 무가치한 삶이 되지 않기를 바랍니다. 갈릴리 바다처럼 주는 삶을 살아갈 때 우리는 얼마든지 풍요로운 삶을 누릴 수 있습니다. 우리 모두의 삶이 갈릴리 바다처럼 나누어주는 늘 풍요롭고 축복된 삶이 되시기를 바랍니다.

2. 주는 자는 받습니다.

"주라 그리하면 너희에게 줄 것이니 곧 후히 되어 누르고 흔들어 넘치도록 하여 너희에게 안겨 주리라 너희의 헤아리는 그 헤아림으로 너희도 헤아림을 도로 받을 것이니라"(누가복음 6:38). '그리하면 너희에게 줄 것이니' 라고 했습니다. 하나님은 좋은 것으로 보상해 주신다는 말씀입니다. 우리 하나님은 우리에게 빚을 지지 아니하십니다. 반드시 갚아주십니다. 그러므로 우리가 선을 행하고 남을 도와주고 대접했는데 '감사하다는 인사도 없다.' 고 섭섭해 할 필요가 없습니다. 왜냐하면 하나님은 다 아시고 반드시 갚아 주시기 때문입니다. 성경은 말씀합니다. "우리가 선을 행하되 낙심하지 말지니 피곤하지 아니하면 때가 이르매 거두리라"(갈라디아서 6:9). 하나님께서 다 갚아주십니다. 그리고 '주라 그리하면 너희에게 줄 것이니' 라고 하셨습니다. 우리 하나님은 절대로 빚을 지지 않으십니다. 사르밧 과부는 선지자 엘리야를 통해 주시는 하나님의 말씀을 듣고 순종하며 밀가루와 기름이 떨어지지 않는 물질의 축복을 받았습니다(열왕기상 17장). 그리고 수넴 여인은 엘리사 선지자를 잘 대접하고 섬긴 결과 죽었던 아들이 다시 살아나는 기적을 체험했습니다(열왕기상 4장). 하나님 앞에 몸도 마음도 물질도 시간도 다 바쳐서 충성하고 헌신할 때 하나님은 기적을 베푸시고 축복하시고 은혜를 허락하십니다. "기록한 바 저가 흩어 가난한 자들에게 주었으니 그의 의가 영원토록 있느니라 함과 같으니라"(고린도후서 9:9). 시편 112편 9절에 나오는 말씀입니다. "저가 재물을 흩어 빈궁한 자에게 주었으니 그 의가 영원히 있고 그 뿔이 영화로이 들리리로다" 하나님은 가난한 자들을 기억하여 이들의 필요한 것을 공급해 주는 자를 사랑하십니다. 그리고 그들을 의로운 자로 세우시되 영원히 세우시고 영화롭게 만드십니다. 하나님의 말씀대로 따르되, 자원함으로 정한 대로 풍성한 것으로 즐겨내는 것이 하나님을 의지하고 믿는 삶입니다. 하나님은 이러한 자의 의를 세우시고 영화롭게 하십니다.

성도여러분, 감사할 일이 있으면 즉각 감사하십시오. 시간이 지나면 변질되고 맙니다. 처음에 결심한 그대로 감사하십시오. 시간이 지나면 하나님 앞에서 감사헌금을 흥정하기까지 합니다. 도움을 필요로 하는 사람을 도와주고 싶은 마음이 생길 때 도와주십시오.

성도 여러분, 우리가 하나님의 일꾼으로 또한 청지기로서, 우리에게 맡기신 것을 필요한 사람에게 적절하게 나누어줍시다. 그때 하나님은 우리에게 심을 것을, 즉 가난한 자에게 나누어줄 것을 더욱 더 풍성히 주시며, 그로 인해 더욱 많은 열매를 맺게 하십니다. 그뿐 아니라, 우리의 이러한 일로 인해 도움을 받은 사람들은 하나님께 감사하는 마음이 넘치게 됩니다. 이로써 우리는 하나님께 영광을 돌리는 것이 되고 하나님은 우리의 봉사를 기쁘게 받으십니다. 성경은 말씀합니다."심는 자에게 씨와 먹을 양식을 주시는 이가 너희 심을 것을 주사 풍성하게 하시고 너희 의의 열매를 더하게 하시리니"(고린도후서 9:10). 하나님은 가난한 자들을 위해 구제할 것을 준비하는 자에게 구제의 물질을 마련하여 주실 뿐만 아니라, 그 사람을 위한 양식도 공급하여 주시는 분입니다. 하나님을 사랑하는 마음으로 가난한 사람들을 돌보고자 하는 사람들을 축복하시되, 씨와 양식을 풍성하게 하시며, 의의 열매를 더하게 하신다고 말씀합니다. 하나님으로부터 축복받은 성도는 봉사의 직무를 해야 합니다. '봉사의 직무'가 무엇입니까? 몸이나 시간이나 재물이나 재산이나 재능이나 무엇으로든지 하나님 앞에 보답하는 것입니다. 그 봉사의 직무를 통해 사람들을 도와주므로 하나님 앞에 영광을 돌리고, 교회에서도 충성하므로 봉사의 직무를 감당해야 합니다. 예배를 통해서 하나님 앞에 봉사하고 충성하고 헌신해야 합니다. 그럴 때 하나님은 더 많은 감사를 드리도록 만드십니다.

대학 시절에 철저한 반미주의 사상을 가지고 데모하던 청년이 있었습니다. 이 청년은 "미국이 한국을 착취하고 있다. 우리 한국은 왜 미국에게 당하기만 하느냐?" 하면서 미대사관에 가서도 데모를 했습니다. 그리고 "미국에 대항하고 한국의 주권을 주장하기 위해서는 철저하게 미국을 연구해야 되겠다."고 생각하여 미국으로 건너가 연구하고 관찰했습니다. 그런데 그는 미국에서 유학하던 중에 뜻밖의 새로운 사실을 발견하고, 한국이 미국에게 당할 수밖에 없다는 결론을 얻게 되었습니다. "한국은 도저히 미국과 싸워서 이길 수 없다. 한국은 자원이나 국토, 그리고 인구도 적지만, 정신적으로도 미국을 이길 수 없다." 그리고 그 원인에 대해 말하기를 "미국은 봉사 정신이 투철한 나라이기 때문이다."라고 했습니다. 그렇습니다. 미국인들은 국민 봉사정신이 투철합니다. 대학에 진학할 때에도 학교에서의 공부 성적만 보는 것이 아니라 그보다 얼마만큼 봉사를 했느냐를 더 중요하게 봅니다. 사회에서 존경받는 것이나 사회의 지도층이 되는 것도, 그 사람이 얼마나 봉사를 많이 했느냐에 따라 결정됩니다.

선진국과 후진국의 차이가 바로 여기에 있습니다. 선진국은 국민 전체가 봉사할 줄 알지만 후진국은 봉사를 잘 할 줄 모릅니다. 우리나라가 부강한 나라가 되느냐 되지 못하느냐는 우리 국민이 얼마나 봉사를 하느냐에 따라 달라질 것입니다. 우리 교회가 얼마나 부흥하느냐, 부흥하지 못하느냐도 우리 성도들이 얼마나 봉사를 하느냐에 달려 있습니다. 교인들이 예배만 드리고 돌아가는 교회는 부흥하지 않습니다. 성도들이 은혜 받고 "내가 교회를 위해서 어떤 봉사를 하면 좋겠습니까? 어떻게 봉사하면 좋겠습니까?" 이렇게 적극적으로 봉사하려는 교회는 부흥합니다. 성도들이 봉사하는 마음과 정신을 가질 때 그 교회는 부흥하고 발전합니다. 우리 주위의 많은 사람들이 봉사 정신이 결핍되어 있습니다. 돈을 준다거나 자기에게 유익이 되고 자기에게 도움이 된다면 무엇이든지 하려고 합니다. 이것은 욕심이요 이기주의입니다. 그런데 "봉사하라, 섬기라, 주라"는 일에는 변명과 핑계를 대며 빠지려 하고 흩어지려고 합니다.

프랑스의 신학자 칼뱅(John Calvin, 1509-1564)은 이렇게 말했습니다. "낮은 자리에서 높은 자리에 갈 기회가 있느냐? 그러면 높은 자리에 올라가라. 왜냐하면 높은 자리에 올라가면 봉사를 더 많이 할 수 있기 때문이다." 출세하는 것이나 성공하는 것, 돈을 버는 것이나 부자가 되는 것, 공부를 하고 학위를 받는 것도 봉사를 위해서 하라는 말입니다. 자기의 탐심과 교만을 위해 자기의 정욕을 위해서 사는 사람들, 자기밖에 모르는 사람들이 권력과 재물을 가지고 출세하면 나라가 어려워집니다.

성도 여러분, 우리의 삶은 봉사하고 섬기고 나누어주는 생활이어야 합니다. 이때 하나님은 축복하십니다.

19세기 중엽 미국의 존 록펠러(John Rockefeller, 1839-1937)는 너무도 가난한 어린 시절을 보냈습니다. 그래서 그는 어린 나이에 이런 결심을 했습니다. "나는 장차 이 세계에서 돈을 제일 많이 번 갑부가 되리라." 그래서 그는 철이 들면서

부터 돈을 버는 일에 혈안이 되어 살았습니다. 그는 일찍이 유전에 손을 대어 33세라는 젊은 나이에 「스탠다드」 석유회사의 사장이 되었습니다. 젊은 나이에도 불구하고 백만장자의 대열에 이미 올라서게 되었습니다.

그로부터 10년 뒤인 43세에는 미국에서 처음으로 대규모의 트러스트를 형성해서 세계에서 가장 큰 재벌기업의 총수가 되었습니다. 그로부터 10년 뒤인 53세에는 세계에서 단 한 명밖에 없는 억만장자가 되었습니다. 록펠러는 그의 소원대로 세계에서 제일 가는 갑부가 되었습니다. 그는 여기에서 만족하지 않고, 계속 돈 버는 일에 동분서주했습니다. 돈은 많지만 결코 풍요로운 삶을 살지 못했습니다. 그러다가 불치병에 걸렸습니다. 머리카락은 다 빠지고 잠을 자지 못해 불면증에 시달리게 되었습니다. 음식을 먹어도 소화가 되지 않았습니다. 그가 하루에 먹는 것은 기껏해야 우유 한 잔과 비스킷 몇 조각이 전부였습니다. 그를 진찰한 의사는 일년을 넘기기가 어려울 것 같다고 진단했습니다. 그는 그동안 돈을 버는 일에만 혈안이 되어 있었기 때문에 그에게는 원수도 많았습니다. 그가 죽기를 바랐던 사람이 그만큼 많았다는 말입니다.

드디어 그는 죽음을 눈앞에 두고 자신의 삶을 정리하기 시작했습니다. 평생 처음으로 하나님의 말씀인 성경을 펴놓고 깊이 묵상하기 시작했습니다. 그런 가운데 결정적으로 자기의 삶에서 무엇이 잘못되었는지 깨닫게 하는 구절이 있었습니다. 그의 삶을 180도 바꾸어 놓은 구절입니다. 바로 오늘의 본문 말씀입니다. "주라 그리하면 너희에게 줄 것이니 곧 후히 되어 누르고 흔들어 넘치도록 하여 너희에게 안겨 주리라 너희의 헤아리는 그 헤아림으로 너희도 헤아림을 도로 받을 것이니라"(누가복음 6:38). 록펠러는 지금까지 움켜쥘 줄만 알았지 손을 펼 줄을 몰랐습니다. 그는 나누어주고 베풀어주는 삶을 살지 않았습니다. 모으기는 많이 모았지만 풍요로운 삶을 살지 못한 것입니다. 그는 자신의 삶을 정리하는 심정으로 드디어 손을 펼치기 시작했습니다. 가난한 사람들에게 나누어주기 시작했습니다. 자기 재산의 일부를 교회에 헌금했습니다. 뉴욕에 「리버 사이드 처치」라는 아름다운 교회를 건축했습니다. 사회적으로 뜻 있는 일에도 많은 돈을 희사했습니다. 그는 돈을 기부해서 「시카고 대학」도 세웠습니다. 드디어 1931년에는 자선사업을 체계적으로 하기 위해서 「록펠러 재단」을 만들었습니다. 그 뒤에도 그는 계속해서 뜻있는 일에 많은 돈을 기부했습니다. 그가 손을 펼치자 놀라운 일이 벌어졌습니다. 그의 마음에 평안이 찾아왔습니다. 잃었던 잠을 회복하게 되었습니다. 입맛도 돌아왔고, 건강도 서서히 회복되었습니다. 분명히 의사는 그가 54세를 넘기지 못할 것이라고 진단했습니다. 그런데 록펠러는 얼마나 살았는지 아십니까? 98세까지 건강한 몸으로 장수했습니다. 일평생 그가 자선사업에 희사한 돈이 5억 달러가 넘었습니다. 그리고 그의 다섯 아들을 통해서 수십억 달러가 자선사업으로 쓰여졌다고 합니다.

사랑하는 성도 여러분, 우리 하나님은 신실하십니다. 하나님은 어떤 모양으로든지, 누구를 통해서이든지 반드시 보상해 주실 것입니다. 우리 하나님은 절대 빚을 지지 않으십니다. 우리가 주는 삶을 살 때에 하나님은 더 좋은 것으로 갚아주십니다.

3. 주는 자는 넘치는 복을 받습니다.

"주라 그리하면 너희에게 줄 것이니 곧 후히 되어 누르고 흔들어 넘치도록 하여 너희에게 안겨 주리라 너희의 헤아리는 그 헤아림으로 너희도 헤아림을 도로 받을 것이니라"(누가복음 6:38). '곧 후히 되어 누르고 흔들어 넘치도록 하여 너희에게 안겨 주리라' 는 말씀은 하나님의 풍성한 약속입니다. '후히 되어' 의 'μετρον καλον' (메트론 칼론)은 '분량', '척도' (μετρον, 메트론)라는 말과, '좋은' (καλος, 칼로스)이라는 말의 합성어로서 '좋은 분량으로 주다' 라는 뜻입니다. 따라서 이 구절의 의미는 줄 수 있는 한 최대한으로 준다는 의미입니다. 즉 굵은 콩 사이로 작은 조나 깨를 섞듯이 조금도 빈틈없이 누르고 흔들어서 채울 수 있는 한 최대한으로 채워서 준다는 의미입니다. 이렇듯 하나님께서 우리에게 주시는 은혜는 우리의 생각을 초월하여 그 이상으로 임합니다. 첫째, '후히 되어' 란 '곡식을 되에 담아 줄 때에 되를 깎거나 쓸어 내리지 않고 인색하지 않게 많이 주신다.'는 말입니다. 둘째, '누르고'는 '눌러서 조금이라도 더 많이 우리에게 주시기를 원하신다.'는 말입니다. 셋째, '흔들어'는 '곡식과 곡식 사이에 빈틈이 하나도 없도록 하나님께서 채워 주신다.'는 말입니다. 넷째, '넘치도록 하여'는 '쌀을 되면서 양쪽에 떨어지는 것을 구애하지 않으신다.'는 말입니다. 하나님은 우리에게 주시는 것을 절대로 아까워하지 않으시고, 조금이라도 더 주시려고 하십니다. 다섯째, '안겨 주리라'는 '우리가 찾아갈 필요가 없이 가만히 있어도 하나님이 직접 찾아오셔서 하나님의 축복을 한 아름 우리의 품에 안겨 주신다.'는 말입니다. 하나님의 손길은 풍성한 손길입니다. 우리 하나님은 이 풍성하신 손길로 우리 모두에게도 후히 되어 누르고 흔들어서 넘치도록 하여 하나님의 축복을 안겨주시기를 원하십니다. "너희의 헤아리는 그 헤아림으로 너희도 헤아림을 도로 받을 것이니라"고 했습니다. "헤아림을 도로 받을 것이니라"는 단어는 '다시', '반복'을 나타내는 단어 '$\alpha\nu\tau\iota$'(안티)와 '재다'와 '측량하다'는 뜻의 단어 '$\mu\epsilon\tau\rho\epsilon\omega$'(메트레오)의 합성어로 '다시 측정을 받을 것이다.'라는 의미입니다. 따라서 이것은 우리가 다른 사람에게 어떻게 해주는가에 따라 그대로 받을 것이라는 의미입니다.

우리 하나님은 만홀히 여김을 받지 아니하십니다. 심은 대로 거두게 하십니다. 우리 모두는 죄 중에 태어났습니다. 그것도 빈손으로 태어났습니다. 그러나 우리는 지금 많은 것을 가지고 있습니다. 뿐만 아니라 우리는 영생의 주님을 소유하고 있습니다. 그 모든 것을 주신 하나님의 뜻을 따라 하나님을 섬기고, 어려운 이웃을 구제하는 삶을 사는 것이 마땅합니다. 예수님은 분명히 말씀하셨습니다. 보물을 하늘에 쌓아 두라(마태복음 6:20). 그리고 "의인이 버림을 당하거나 그 자손이 걸식함을 보지 못하였노라"(시편 37:25)고 성경은 증거합니다. 이 밖에도 잠언은 "가난한 자를 불쌍히 여기는 것은 여호와께 꾸이는 것이니 그 선행을 갚아주시리라"(잠언 19:17)고 말씀합니다. 나아가 전도서는 말씀합니다. "너는 네 식물을 물 위에 던지라 여러 날 후에 도로 찾으리라"(전도서 11:1).

여러분, 우리는 자녀에게 무엇인가 주려고 너무 연연합니다. 그러나 잊지 마십시오. 자녀에게 재산을 물려주면 자녀도 망치고 가문도 망칩니다. 그러므로 진정으로 자녀를 사랑한다면 선행을 하십시오. 불쌍한 사람들을 많이 도와주십시오. 반드시 심은 대로 거둘 것입니다. 자식을 사랑하는 바른 방법이 이와 같습니다. 여러분은 자식에게 무엇을 보여 주고 있습니까? 무엇을 심고 있습니까? 여러분의 자녀가 언젠가 때가 되었을 때에 무엇을 거두리라 생각되십니까? 지금도 늦지 않았습니다. 농사를 점검하십시오. 나의 인격을 점검하고, 도덕성을 점검하고, 영성을 점검하십시오. "나는 무엇을 심고, 무엇을 기다리고 있는가? 나의 후손은 무엇을 거둘 수 있을 것인가?"를 점검하십시오. 심은 대로 거두고 많이 심은 자가 많이 거둘 것이라고 우리는 분명히 말할 수 있습니다.

1950년 알버트 슈바이쳐는 「노벨 평화상」을 받았고, 알베르트 까뮈는 「노벨 문학상」을 받았습니다. 슈바이쳐는 그것으로 아프리카 난치병 환자들에게 병실을 건립해 주어 오늘까지 수많은 사람들이 그 병실에서 나음을 얻습니다. 그러나 까뮈는 파리 근교에 별장을 지어 주말마다 거기에서 쾌락을 즐겼습니다. 어느 주일 아침 예배시간에 까뮈는 애인과 함께 별장으로 가다가 교통사고로 삶을 마감했습니다.

 카네기는 "돈을 남기고 죽는 것은 수치다. 모두 하나님과 이웃을 위하여 쓰고 죽어야 한다."고 말했습니다. 옳은 말입니다. 그가 평생에 선하게 쓴 돈은 약 3천억 원이나 된다고 합니다.

 노량진 수산 시장에 「엘림 수산」이라는 상호가 있습니다. 「엘림 수산」의 오 씨는 30년 동안 수산업에 종사하다가 5년 전에 부도를 내어 절망 중에 있었습니다. 그런데 마침 그 때에 옛날 거래처였던 조 집사라는 분이 동업을 제의해 왔습니다. "혼자는 힘들죠? 나와 같이 동업합시다." "좋습니다." 부도가 나서 가게가 망했기 때문에 크게 내세울 조건도 없었으므로 같이 동업하자는 제의에 흔쾌히 동의했습니다. 그런데 그 조 집사라는 분이 자기가 자금을 조달하는 대신 한가지 조건이 있다고 말했습니다. "무슨 조건인데요?" "나하고 같이 교회에 나갑시다." 그래서 한번 교회에 끌려나갔다가 그만 믿음을 갖게 되었습니다. 우상 숭배를 다 버리고 하나님 앞에 기도하면서 사업을 했는데, 점점 거래처가 많아지고 사업이 커지는 축복을 받게 되었습니다. 자격증도 취득하고, 다른 가게보다도 「엘림 수산」이 더 확장되어 성공하게 되었습니다. 그래서 다른 동료들이 "성공 비결이 무엇입니까?" 하고 물으면 이렇게 말합니다. "기도합니다. 하나님 앞에 물질을 드립니다. 전도합니다." 그는 새벽마다 하나님 앞에 기도했습니다. 하나님 앞에 축복을 받을 때마다 감사헌금을 했습니다. 만나는 사람마다 전도를 했습니다. 주일마다 차를 운행면서 10명씩 전도하고, 사람을 만날 때마다 믿음의 고백을 했습니다. "나는 하나님 앞에 축복을 받았습니다. 우리 기업은 믿음의 기업입니다. 하나님께서 우리 기업을 돌봐 주실 것을 믿습니다."

여러분, 올바른 신앙생활을 하며 하나님 앞에 순종하면, 하나님으로부터 축복과 능력과 권능을 받습니다. 결코 실패하지 않습니다. 하나님이 성공하게 하시고, 행복하게 하시고 승리하게 하십니다.

성도 여러분, 우리는 모두 심는 자가 되고 주는 자가 되어야 합니다. 그리하여 모두 풍족하게 되시기 바랍니다.

한 젊은 인턴이 어느 날 출근길에서 백발이 성성한 미국인 노인과 한국인 택시 운전기사가 말다툼을 하는 광경을 목격했습니다. 주위의 모든 사람들이 무심코 지나가는 것을 안타깝게 여기며 그들 사이에 끼어 들어 싸우는 경위를 알아냈습니다. 그 미국 노인은 세브란스 병원에 입원한 부인을 면회하려고 택시를 탔는데 한국 돈을 잘못 계산함으로 몇 백 원 때문에 운전기사와 시비가 벌어졌던 것입니다. 서로 말이 통하지 않아 큰소리만 오가는 두 사람 사이에서 젊은 인턴은 미국인 노인을 대신해서 운전기사에게 그 차액을 지불했습니다. 곤란한 처지에서 친절한 도움을 받은 미국 노인은 이 인턴에게 명함 한 장을 달라고 부탁했습니다. 그 후 세월이 흐른 뒤 '유산 양도' 소식이 이 인턴에게 전해졌습니다. 그 미국 노인은 자녀가 없이 커다란 농장을 경영하고 있었는데, 임종할 때에 모든 유산을 이 한국인 의사에게 양도한다는 유언을 변호사에게 남겼던 것입니다. 의무를 초월해서 남에게 베풀어 줄 때 축복의 열매는 더욱 크게 맺힙니다. 그러므로 하나님의 부르심을 받아 그리스도의 일꾼이 된 우리는 받으려는 삶에서 벗어나 우리의 가족과 사회와 국가, 더 나아가 세계를 위해 무엇을 줄 것인지를 생각하고 실행해야겠습니다.

역대의 뉴욕 시장 중에 가장 유명했었다고 하는 이름난 시장이 있습니다. 그 시장의 이름은 라과디아 시장인데, 그분에 대한 많은 일화가 전해지고 있습니다. 이 분이 「즉결재판 재판소」에서 판사로 있을 때의 이야기입니다. 어떤 나이 많은 노인이 겨울에 배가 고파서 부들부들 떨면서 다녔습니다. 그러다가 너무 배가 고픈 나머지 빵집 가까이를 지나다가 빵 하나를 훔쳐먹다가 들켜 경찰서로 끌려와 재판을 받게 되었습니다. 그때에 그 끌려가는 것도 문제이지만 너무 안스러워 보여 동네 사람들이 모두 따라왔습니다. "어떻게 재판하나 보자. 아니, 노인이 굶주려서 자기도 모르게 손이 나가서 빵 하나 훔쳐먹었는데 그걸 어떻게 잡아가느냐? 또 잡아가면 어떻게 재판을 할 것인가?" 하여 모든 사람들이 궁금하게 여겼습니다. 라과디아 재판장은 그 자리에서 "벌금 10불!" 하고 판결했습니다. 방청객들은 깜짝 놀라서 웅성거렸습니다. "아니, 저 노인에게다 10불 벌금형을 내리면 어떡하나?" 그 때에 라과디아 재판장은 다시 자기 주머니에서 10불을 내어놓았습니다. "할아버지, 이것으로 가서 벌금 내세요." 그리고 이렇게 말했습니다. "이렇게 배고픈 사람이 있다는 것을 잊어버리고, 나는 내가 먹는 음식만 즐기고 있은데에 대한 벌금이요. 내가 내는 벌금이요."

성도 여러분, 우리 주님은 우리가 주는 자가 되기를 원하십니다. 그리고 풍성한 축복을 받기를 원하십니다. 우리는 주는 생활을 해야 합니다. 주는 자는 받습니다. 주는 자가 넘치는 복을 받습니다. 우리 주님은 말씀하십니다. "주라 그리하면 너희에게 줄 것이니 곧 후히 되어 누르고 흔들어 넘치도록 하여 너희에게 안겨 주리라 너희의 헤아리는 그 헤아림으로 너희도 헤아림을 도로 받을 것이니라"(누가복음 6:38). 아멘.

P·e·r·s·o·n·a·l·i·t·y·o·f·C·h·r·i·s·t·i·a·n

합심하여 기도합시다

¹⁹진실로 다시 너희에게 이르노니 너희 중에 두 사람이 땅에서 합심하여 무엇이든지 구하면 하늘에 계신 내 아버지께서 저희를 위하여 이루게 하시리라 ²⁰두 세 사람이 내 이름으로 모인 곳에는 나도 그들 중에 있느니라

마태복음 18:19-20

합심하여 기도합시다

어떤 사람이 말 한 마리와 두 마리가 끄는 힘의 차이를 실험했습니다. 한 마리가 있는 힘을 다해서 물건을 끌도록 했더니 2톤을 끌었다고 합니다. 그러면 두 마리의 말이 있는 힘을 다해 끌면 몇 톤을 끌 수 있다고 생각되십니까? 2×2=4톤일 것 같습니다. 그런데 실제로 두 마리의 말이 의기투합(意氣投合)하면 23톤까지 끌 수 있다고 합니다. 엄청난 힘이지 않습니까? 특별히 살아있는 생명체들은 기계들의 합보다 훨씬 큽니다. 그렇다면 살아있는 성도들이 함께 기도한다면 어떤 힘이 나타나겠습니까?

오늘 본문 말씀에서 우리 예수님도 합심기도의 중요성을 말씀하셨습니다. 우리 남천교회는 전교인 합심기도를 시작했습니다. 전교인 신년 특별 새벽 기도회, 그리고 24시간 릴레이 기도회, 금요일 밤 기도회, 각 기관 중보기도회 등 합심기도회를 하고 있습니다. 왜냐하면 합심기도의 능력을 잘 알기 때문입니다. 기도회를 시작하자마자 응답 받는 성도들의 간증을 들었습니다. 우리는 합심하여 기도할 때 하나님의 능력을 체험하게 됩니다. 우리 모두 합심하여 기도합시다.

1. 합심 기도에는 능력이 나타납니다.

"진실로 다시 너희에게 이르노니 너희 중에 두 사람이 땅에서 합심하여 무엇이든지 구하면 하늘에 계신 내 아버지께서 저희를 위하여 이루게 하시리라 두 세 사람이 내 이름으로 모인 곳에는 나도 그들 중에 있느니라"(마태복음 18:19). '두 사람이 땅에서 합심하여 무엇이든지 구하면'에서 '두 사람'이란 예수의 제자 된 자로서 연합할 수 있는 최소한의 수(數)를 말합니다. 대부분의 학자들은 그 '두 사람'을 믿는 자들 가운데서 친교나, 합의, 합심을 할 수 있는 최소한의 단위로서 이해합니다. 또한 '합심'이란 단어 'συμπτφονεω'(심포네오)는 '교향악'을 의미하는 'Symphony'이란 말의 어원입니다. 따라서 '합심'란 말은 '함께 어우러져 멋진 조화를 연출해 내다.'는 뜻으로서, '마음의 일치, 조화'를 뜻하는 것으로 생각됩니다. 합심기도를 하려면 마음이 하나가 되어야 합니다.

합심기도는 성령의 역사에 의해 가능합니다. 성령으로 마음이 하나가 되어 일심으로 기도할 때 성령께서 그곳에 임하시고 기도가 응답됩니다. 개인의 기도에도 응답하시는 주님은 두 사람, 그리고 여러 사람이 합심하여 간구할 때 분명히 응답으로 역사하십니다. 교회가 합심하여 간구할 때 그 능력은 크게 나타납니다. 이 땅에서 겸손한 두 영혼이 일치하여 합심으로 하는 기도는 하늘 아버지께서 그것들을 교회의 간구로 받아들이시고 교회가 지닌 특권(마태복음 18:16; 19)에 합당하게 응답하십니다. '무엇이든지 구하면'에서 '구하다'의 동사 'αιτεω'(아이테오)는 '어떤 권리를 요구하는 것'에 대해서도 사용될 수 있다는 의미가 있습니다. 자녀들은 부모에게 구할 권리가 있습니다. 우리도 하나님의 자녀로서 당당히 받을 권리를 가진 자로서 하나님 앞에 구할 수 있습니다. '두 사람이 합심하여 무엇이든지 구하면'의 의미는 '무엇이든지' 구할 수 있다는 말입니다.

한마디로 합심기도는 혼자 하는 기도가 있고, 여러 사람이 모여 마음을 하나로 모아서 하는 기도가 있습니다. 합심기도를 다른 말로는 그룹기도라 할 수 있습니다. 통성기도 역시 여기에 속합니다. 넓은 의미에서는 대표기도 역시 여기에 속합니다. 왜냐하면 기도는 한 사람이 하지만 다른 사람은 마음을 모아 그 기도에 동참하기 때문입니다. 통성기도란 모두 각자가 소리를 내어서 함께 하나님께 아뢰는 것이고, 대표기도는 기도를 대표자에게 위임하고 그 기도에 나를 드리는 것을 말합니다.

　합심기도의 목적은 하나님께 영광입니다. 합심기도의 정의는 하나님의 영광을 위해 성도들의 공통 관심사를 한마음으로 아뢰는 것입니다. 이것은 하나님의 명령입니다. 성경에는 개인기도와 합심기도를 다 주께서 강력하게 요구하고 있습니다. 왜 합심기도를 해야합니까? 그것은 힘을 모아야 되기 때문입니다. 개개인의 힘은 한정이 있습니다. 그러므로 함께 힘을 모아야 한다는 것은 극히 당연한 일입니다. 그래야만 힘이 극대화됩니다. 우리가 왜 합심기도를 해야 합니까? 그것은 악한 세력은 연합을 잘 하기 때문입니다. 악한 세력은 힘이 매우 강합니다. 악한 사람 한 명이 들어가면 그 단체가 물들기 시작합니다. 100명이 있는 가운데 공산주의자 10명만 들어가면 모두가 물들게 됩니다. 그들의 계산은 10%만 강하면 이끌고 갈 수 있다는 것입니다. 공산주의자가 강하게 보이는 것은 그들이 연합을 잘하기 때문입니다. 세계 최강대국인 미국이 눈에 보이지 않는 테러들 때문에 신경을 곤두세우고 있지 않습니까? 지난 성탄절에도 사고 방지를 위해 미국행 비행기의 납치 테러 공격 정보를 입수하여 모든 비행기들의 운항을 취소했다는 보도가 나왔습니다. 이 테러 단체들은 그들의 생명을 걸고 단합하기 때문에 세계를 공포로 몰아가고 있습니다. 모든 세계가 대 테러 전을 선포하고 있습니다. 반면 선한 세력은 연합하는 데 있어서 매우 약합니다. 선이 연합하면 엄청난 파워를 가질 수 있지만 선한 일에는 악한 일보다 연합력이 약합니다. 이단들도 연합력과 단합이 대단합니다. 그들은 시간은 물론 물질도 다 내어놓고 가족도 버리고 필요하다면 생명도 내놓습니다.

그러므로 선을 행해야만 할 하나님의 자녀 된 우리는 하나님의 위대한 역사를 위해 연합하여 힘을 모아야만 합니다. 우리는 합심기도를 통해 연합해야 합니다. 복음 전도를 위해 우리는 연합해야 합니다. 하나님의 나라 확장을 위해 연합해야 합니다. 부산의 성시화를 위해 합심하여 기도해야 합니다. 그리고 세계 선교를 위해 노력해야 합니다. 왜냐하면 합심기도는 능력이 나타나기 때문입니다.

바벨론 왕 느부갓네살이 자신이 꾼 꿈을 해몽하지 못하자 모든 박사들을 다 죽이려 했습니다. 그 때에 포로로 끌려간 다니엘과 그의 세 친구가 밤을 세워가며 합심하여 기도했습니다. 그때 하나님은 그들의 기도에 응답하시고 왕의 꿈을 해몽할 수 있는 지혜를 주시고 그들을 높여 주셨습니다.

예루살렘 교회 성도들이 복음 사역을 감당하기 위해 합심하여 기도할 때 오순절의 성령 역사가 일어났습니다. "여자들과 예수의 모친 마리아와 예수의 아우들로 더불어 마음을 같이하여 전혀 기도에 힘쓰니라"(사도행전 1:14). 이들은 기도에

만 전념했습니다. 하나님의 약속을 붙들고 합심하여 기도할 때 오순절이 이르매 놀라운 기적이 일어났습니다. 불의 혀같은 역사가 임함과 동시에 진동의 역사가 일어났습니다. 순식간에 마가의 다락방은 성령의 용광로가 되었습니다. 사도들과 120명의 무리들은 성령의 불덩어리가 되었습니다. 이들이 나가는 곳마다 성령의 불을 지폈습니다. 베드로가 설교할 때 하루에 3천 명이 회개하고 세례를 받았습니다. 스데반은 바울에게 복음의 불씨를 붙였고, 빌립은 사마리아에서 이디오피아 여왕 간다게의 국고를 맡은 내시에게 불을 붙였습니다. 베드로는 가이사랴에서 백부장 고넬료를 성령의 사람으로 만들었습니다. 성령은 순식간에 예루살렘에서 땅 끝으로 나아갔습니다.

합심하여 기도하면 옥문이 열립니다. 예루살렘 교회는 지도자 베드로가 감옥에 갇혀 날이 밝으면 처형을 당할 위기를 맞게 되었습니다. 그때 성도들이 모여서 밤을 새워 베드로의 출옥을 위해 기도했습니다. 합심기도의 능력은 바로 나타났습니다. 하나님은 천사를 옥중으로 급파했습니다. 잠자는 베드로를 깨워 쇠사슬을 풀어주시고, 띠를 띠우고 신을 신기고 겉옷을 입혔습니다. 파수꾼이 지키는 쇠문이 열리고 성문도 열렸습니다. 베드로는 구원함을 받았습니다. 걸어 나오는 베드로 자신도 몰랐습니다(사도행전 12:11-12). 이것이 합심기도의 위력입니다.

복음을 전하다가 빌립보 감옥에 갇힌 바울과 실라는 합심해서 기도했습니다. 그들은 죄수들이 들을 수 있도록 기도했습니다. 합심기도의 능력이 신속하게 나타났습니다. 하나님은 옥터를 흔들어 묶은 쇠사슬을 풀고 옥문을 활짝 열었습니다. 그리고 그 감옥의 간수의 가족들이 예수를 믿고 구원받는 역사가 나타났습니다.

세계에서 선교사를 가장 많이 배출하고 있는 대학은 윌리엄스 대학입니다. 여기에는 동기가 있습니다. 1805년 윌리엄스 대학이 영적으로 부흥하기 위해 기도하는 소그룹이 있었습니다. 이들은 날마다 모여 영적 바람이 불도록 맹렬히 기도했습니다. 어느 날 정원에 모여 기도하고 있을 때였습니다. 그때 폭우가 쏟아져 모두가 비를 피해 안으로 들어갔습니다. 그러나 그 중 5명은 정원에 쌓인 건초더미 속으로 들어가서 계속 기도했습니다. 그 후 건초더미 기도모임이 탄생했습니다. 선교학자 토렛 박사는 "미국의 교회들이 해외 선교운동에 대하여 처음으로 자극을 받았던 것은 건초더미 모임에서였다."고 말했습니다. 이 모임이 드디어 해외 선교사를 수없이 배출하는 계기가 되었습니다. 교회마다 건초더미 기도모임이 생긴다면 교회마다 놀라운 부흥이 있을 것입니다.

성도 여러분, 우리는 혼자서 신앙생활을 하려고 하면 안됩니다. 우리는 연약합니다. 그러므로 우리는 합심하여 기도해야 합니다. 합심기도는 능력이 나타납니다. 회개의 역사가 나타나고 구원의 역사가 나타납니다. 합심하여 기도할 때 병자가 고침을 받고 능력을 받는 부흥의 역사가 나타납니다. 우리 모두 합심기도를 통해 기도의 응답을 받고, 하나님의 큰 구원역사를 체험하는 성도들이 됩시다.

2. 합심기도에는 주께서 함께 하십니다.

"두 세 사람이 내 이름으로 모인 곳에는 나도 그들 중에 있느니라"(마태복음 18:20). '내 이름으로' 라는 문자적인 뜻은 '내 이름과 관련해서', '내 이름 안에서' 입니다. '내 이름 때문에' 라는 의미입니다. 예수님의 이름을 목적으로 하는 기도, 주님을 높이고 주님의 뜻을 이루는데 최고의 목적을 둔 기도가 주님의 이름으로 기도하는 것입니다. 따라서 이 구절은 '예수를 그리스도로 고백하는 사람들 중에 두 세 사람이 모인 곳에 함께 하시겠다.', 또는 '두 세 사람이 예수의 가르침과 뜻을 서로 나누는 곳에 함께 하시겠다.' 는 말씀입니다. 그리고 '예수를 사랑하며 연합하기를 열망하여 같은 목적으로 기도하는 곳에 함께 하시겠다.' 는 말씀입니다.

유대 랍비의 속담집 Aboth 3:3에는 이런 말이 나옵니다. "두 사람 사이에 토라(율법)의 말씀이 이야기되는 곳에 하나님의 영광이 그곳에 함께 있다." 그렇습니다. 주 예수를 그리스도로 믿는 그리스도인 두 세 사람이 예수의 말씀을 서로 나누거나 그의 이름으로 기도하는 곳은 그 장소가 어디든지 예수께서 영으로 임재하십니다. 물론 이 말씀은 예수께서 조금 있으면 제자들의 곁을 떠나시고 성령이 오실 것을 암시하는 말씀이기도 합니다. 아무튼 예수님은 이 말씀을 통해 그의 이름으로 연합한 무리들에게 함께 하시며, 그들이 합심하여 기도할 때 그들 가운데 임재하실 것을 약속하셨습니다.

합심기도는 주님의 이름으로, 주님을 위해 모여야 합니다. 그리고 주님의 영광과 주님의 나라와 주님의 교회를 위해 모여야 합니다. 이때 주님이 함께 하십니다. 가끔 예수의 이름으로 모이지만 분열되는 경우도 있습니다. 왜 그렇습니까? 그 이유는 말로는 예수의 이름으로 모였지만 온전히 예수님만을 위해 모이지 않고, 예수님의 이름으로 기도하지 않고 자신을 위해 모이고, 어떤 욕심과 이권이 개입되기 때문입니다. 그러나 우리가 진실로 서로를 위하고, 주님을 위해 합심하면 거기에는 언제나 역사가 일어납니다. 성경은 말씀합니다. "두 세 사람이 내 이름으로 모인 곳에는 나도 그들 중에 있느니라"(마태복음 18:20).

성도들이 기도하는 곳에, 합심하여 기도하는 성도의 가정에 주님은 함께 하십니다. 합심하여 기도하는 교회에 주님이 함께 하십니다. 주의 이름으로 모여서 주님을 위해 기도하는 곳에 주님은 함께 하십니다. 주님이 함께 하신다는 것은 우리의 기도에 응답하시고 승리케 하신다는 말씀입니다.

이스라엘 백성이 애굽에서 나온 뒤 아말렉과 전투를 합니다. 출애굽 후에 처음으로 치르는 전투입니다. 여호수아가 지휘관으로 싸울 때에 산꼭대기에서는 모세가 지팡이를 든 팔을 높이 하늘을 향해 치켜들고 있고, 아론과 훌은 양쪽에서 모세의 팔을 받쳐들고 있습니다. 지금 모세는 아론과 훌과 함께 합심하여 기도하고 있습니다. 백성들은 모두가 한마음이었을 것입니다. 하나님의 영 안에서 기도하는 자와 기도 대상자는 하나가 됩니다. 여기에 하나님의 거룩한 능력이 개입됩니다. 여호수아는 전투하고 모세는 산 위에서 중보기도를 하고 있습니다. 모세의 손에는 하나님의 지팡이가 들려있습니다. 기도의 손이 올라갔을 동안에는 이스라엘이 승리하고, 기도의 손이 내려가면 아말렉이 이겼습니다. 여호수아와 이스라엘 사람들이 최선을 다해 싸우기도 했지만 근본적인 승리는 하나님의 개입에 달렸다는 말입니다. 하나님께서 이스라엘과 함께 하셔야 승리할 수 있습니다. 모세와 아론과 훌이 합심하여 기도할 때 하나님은 그들과 함께 하셨고 승리를 주셨습니다. 합심하여 기도하는 곳에 하나님은 함께 하십니다. 하나님이 함께 하시면 승리는 분명합니다.

이스라엘 백성들이 블레셋 군대의 침략을 받고 고통 속에 있을 때, 선지자 사무엘은 이스라엘을 미스바로 소집하여 대회개 운동을 했습니다. 그들이 하나님을 떠난 잘못을 회개하고 하나님께 합심하여 간절히 기도할 때 하나님은 그들의 기도에 응답하셨습니다. 그들이 기도하고 있는 순간 하나님이 우레를 발하시어 침략해 온 블레셋 군대를 흩어지게 하셨고, 이스라엘은 대승리를 거두고 잃었던 영토와 평화를 다시 찾았습니다. 미스바와 센 사이에 승리의 기념비 에벤에셀을 세웠습니다. 그것을 '도움의 돌'이라 불렀습니다. 합심기도를 드릴 때 하나님은 이스라엘과 함께 하시고 대승리를 주셨습니다. 주의 이름으로 함께 모여 기도하는 그곳에 주님은 함께 하십니다.

전 미(全 美) 「자동차경기연맹」 소속의 자동차 경주자인 남자가 있었습니다. 그는 친구들이 모인 자리에서 "난 직업이 이래서 신앙생활하기가 힘들어." 하고 말했습니다. 그러자 은행원이 친구가 "그럼 난 뭐 신앙생활하기 쉬운 직업인 것 같나?"고 되물었습니다. 이번에는 변호사인 친구가 "변호사는 뭐 쉬울 것 같나?"고 말하자, 심지어 신학을 공부하던 친구도 "올바른 신앙생활을 하기 힘든 것은 나도 마찬가지야."라고 덧붙였습니다. 이 대화가 오고 간 뒤에 네 명의 친구들은 함께 모여 기도하는 시간을 갖기로 결정한 후부터 매주 화요일이면 자동차 경주자인 친구의 집 지하실에서 모임을 갖게 되었습니다. 그런데 이 모임은 놀랍게도 곧 소문이 퍼졌고, 나중에는 수백 명의 사람들이 모이는 집회로 발전하게 되었습니다.

성도 여러분, 예수님은 "두 세 사람이 내 이름으로 모인 곳에는 나도 그들 중에 있느니라"(마태복음 18:20)고 말씀하셨습니다. 기도할 때 하나님은 함께 하십니다. 하나님은 그의 백성들의 기도를 외면하지 않으십니다.

금번에 탐사선「스피릿」이 화성 표면 착륙에 성공했습니다. 그런데 그 성공의 뒤에는 우리나라 과학자의 열정이 있었습니다. 그 주인공은 우주선 부품제조회사인「테이코(Tayco) 엔지니어링」의 정재훈(鄭載勳·57) 우주개발 사장입니다. 그는 이번 탐사선의 로봇팔 열 조절 장치와 극저온 케이블 등 핵심 설비를 개발했습니다.「테이코 엔지니어링」은 직원 160명의 중소기업체입니다. 그러나 이 회사가 개발한 열 조절 장치는 미국과 유럽 등 주요 우주 개발국의 장비에 90% 가까이 채택되고 있습니다. "기술로 어려움을 극복해 냈어요. 다른 회사가 1년 수명의 부품을 만들 때, 30년 수명을 목표로 개발하고 있습니다." 그의 기술력은 실제로 86년부터「NASA」(미 항공우주국)의 인정을 받고 있습니다. 당시「NASA」는 챌린저호 폭발 사고로 우주계획 중단 위기에 처했습니다. 그러나 정 사장이 개발한「우주 왕복선 균열 방지용 특수 열 가열 장치」를 채용하여, 디스커버리호의 성공적 발사로 난관을 벗어났습니다. 물론 이 수준에 오르기 위해 정 사장이 쏟은 노력은 상상

하기 힘든 것이었습니다.

황해도 재령 출신인 그는 1·4후퇴 때에(당시 5세) 어머니와 형과 누나와 함께 월남했습니다. 사업을 하던 아버지는 이전에 행방불명이었고, 서울 영등포에 자리를 잡은 이들은 힘겨운 생활을 이어갔지만 공부는 놓지 않았습니다. 그는 고등학교 시절에 "세계적인 과학자가 되겠다."는 글귀를 일기장에 기록해 두고 들춰보곤 했다고 말했습니다. 그는 "당시 사회 분위기는 나라를 살리려면 과학기술 밖에 없다는 공감대가 있었다."며, "어린 마음이었지만 큰물에서 활약하고 싶다는 생각도 있었다."고 돌이켰습니다. 서울사대부고를 졸업한 그는 서울대 금속공학과, 대한전선을 거쳐 결국 큰물에서 활약하기 위해 77년도에 부인과 두 딸과 함께 미국으로 떠났습니다. 그리고 새벽 4시에 기상하여 밤 12시에 취침하는 생활을 계속하며 연구에 매달린 끝에 이와 같은 성공을 이뤘습니다. 그는 "미국은 화성 탐사에 머무르지 않고, 목성 등 다른 행성 탐사의 기반으로 이번 스피릿의 성공을 활용할 것"이라며, "한국의 젊은이들도 더 큰 꿈을 갖고 분발해줬으면 좋겠다."고 말했습니다. 그는 한국의 「YTN」 앵커가 한국의 우주 공학을 꿈꾸는 학생들에게 한마디 해달라는 부탁에 이렇게 말했습니다. "나는 매일 새벽 4시에 일어나 새벽기도로 하루를 시작합니다. 하나님 앞에서 열심히 기도하면서 꿈을 키워나가면 하나님은 반드시 이루어 주실 것입니다."

그렇습니다. 우리도 이제 새벽을 깨워서 기도합시다. 하나님은 기도로 하루를 시작하고, 꿈을 키워 가는 그의 자녀들을 사랑하시고 그들과 함께 하십니다. 주님은 기도하는 그의 백성들과 함께 하시며 응답하십니다.

성도 여러분, 여러분의 꿈을 가지고 기도하십시오. 여러분의 어려움을 하나님 앞에 부르짖으십시오. 그리스도의 이름으로 모인 바로 그곳에 주님의 인도하심이 있을 것이며, 주의 이름으로 합심하여 간구 하는 그곳에 하나님은 함께 하실 것입니다.

3. 우리는 합심하여 기도해야 합니다.

기도의 동지를 찾아야 합니다. 합심기도의 동지들을 찾아야 합니다. 우리는 힘을 모아야 하기 때문에 합심해서 기도해야 합니다. 또 합심하여 기도해야 하나님의 분명한 뜻을 이해하게 됩니다. 어떤 때에는 내가 열심히 기도하고 있으나, 이 기도제목이 바른 것인지 아닌지 혼동될 때가 있습니다. 그런데 여러 사람이 모여 같은 기도제목을 놓고 함께 기도하게 될 때에는 그 속에서 하나님의 뜻이 훨씬 더 명백해집니다. 중요한 것은 서로에게 격려가 되고 자극이 됩니다. 예를 들어 봅시다. 혼자서 공부해도 될텐데 구태여 학교에 가야할 필요가 있습니까? 그러나 학교에는 가야 합니다. 학교에서는 교과서 공부만 하는 것이 아닙니다. 학교에 가서 친구들과 사귀기도 하고, 친구들은 어떻게 공부하며, 어떻게 생활하는지, 그리고 그들과 대화하는 것, 이 모든 것이 다 공부입니다. 그래서 학교에는 다녀야 합니다.

기도하는 것도 마찬가지입니다. 혼자서 기도하는 것도 중요합니다. 그러나 함께 기도하면서 공동의 목표를 알게 되고, 서로를 격려하고, 같이 고민하며, 같이 웃고 울며, 서로 도우며, 배워가고, 같이 은혜 받고, 같이 새 힘을 공급받고, 다른 사람의 응답을 보고, 용기를 얻으며 기뻐합니다. 다른 사람들의 뜨거움을 나도 힘입게 되고, 하나님의 뜻에 더 가까이 가게 되고, 서로 견고케 하는 역사가 합심기도 속에 일어나게 됩니다. 어떤 성도는 이런 말을 합니다. "나는 믿음이 좋고 강하니까 나보다 믿음이 없는 사람과는 함께 하지 않겠다." 그러나 이렇게 하면 안됩니다. 강한 사람은 강한 사람들대로 도움이 필요하고, 함께 기도해 줄 사람이 필요합니다. 우리는 기도해야 합니다. "주님, 나에게 기도의 파트너를 주옵소서." 이 합심기도에서 변화가 시작될 것입니다.

합심기도에 있어 최고의 파트너는 남편과 아내입니다. 남편과 아내가 합심기도의 최고의 파트너입니다. 부부는 가장 좋은 신앙의 동지요 영적인 신앙의 동반자입니다. 부부는 기도의 목표가 같아야 하고 합심해서 기도해야 합니다. 시간을 내어 함께 소리내어 기도하면 더욱 좋습니다. 그리고 자녀들도 같이 기도해야 합니다. 같은 목적으로 같은 마음으로 합심해서 기도해야 합니다. 그때 그 가정에 하나님의 역사가 나타납니다. 이것이 바로 예배를 통한 기도입니다. "진실로 다시 너희에게 이르노니 너희 중에 두 사람이 땅에서 합심하여 무엇이든지 구하면 하늘에 계신 내 아버지께서 저희를 위하여 이루게 하시리라"(마태복음 18:19).

기도는 하나님을 움직이는 무기입니다. 합심하여 기도할 때 무에서 유를 창조하시는 전능하신 하나님을 움직일 수 있습니다. 피조물인 인간이 창조주이자 전능자이신 하나님의 마음을 움직일 수 있는 무기와 비결은 기도뿐입니다. 기도를 통해 우리는 날마다 살아 계신 하나님의 능력을 체험해야 합니다. 기도를 통해 하나님은 우리에게 필요한 모든 것을 공급해 주십니다. 기도는 하나님의 능력과 모든 필요한 것을 공급받을 수 있는 축복의 통로입니다.

기도의 응답은 하나님의 약속의 성취입니다. 기도는 하나님의 명령이요(데살로니가전서 5:17) 요구이시며, 기도에 대한 응답은 하나님의 약속의 성취입니다. 하나님은 "구하라 그러면 너희에게 주실 것이요 찾으라 그러면 찾을 것이요 문을 두드리라 그러면 너희에게 열릴 것이니 구하는 이마다 얻을 것이요 찾는 이가 찾을 것이요 두드리는 이에게 열릴 것이니라"(마태복음 7:7-8), "그러므로 내가 너희에게 말하노니 무엇이든지 기도하고 구하는 것은 받은 줄로 믿으라 그리하면 너희에게 그대로 되리라"(마가복음 11:24)고 하셨습니다.

우리는 성령의 도우심 속에서 정직한 기도를 해야 합니다. 거짓말 기도는 안됩니다. 나의 깊은 속사정을 솔직하게 고백해야 됩니다. 하나님은 우리 마음의 생각과 뜻을 다 아십니다. 그러므로 우리는 하나님 앞에 내 속사정을 있는 그대로 주님 앞에 위탁하고 기도해야 합니다. 진실한 기도, 믿음으로 하는 기도에는 하나님의 역사가 나타납니다.

지금부터 30여 년 전, 미국의 어느 도시 시립병원 정문 앞에 생후 6개월 된 아이가 버려져 있었습니다. 그 아기는 날 때부터 소경인데다 뇌성마비에 걸린 정신박약아였습니다. 병원 당국은 당황하여 마침 은퇴한 간호사 메이 렘케에게 이 사연을 말했습니다. 당시 52세로 신앙이 깊었던 그녀는 "내가 죽는 날까지 그 아기를 돌보아 주겠습니다." 하면서 그 아기를 데려왔습니다. 그러나 메이는 아기를 보는 순간 너무도 비참한 인간 생명의 무기력함에 울어야 했습니다. 이 아기는 우유병을 물려도 빨아먹을 반사본능마저 없었습니다. 메이는 그때부터 아기의 뺨에 얼굴을 대고 정성스럽게 마사지를 하며, 팔다리와 손가락을 어루만져 주었고, 하루에도 몇 번씩이나 이야기와 자장가를 들려주었습니다. 그러나 이렇게 몇 년이 흘러도 식물인간 '레슬리'는 단 한번의 움직임도 보이지 않았고, 말 한마디는 물론 웃음이나 눈물도 기대할 수 없었습니다. 메이는 이때부터 눈물로 기도하기 시작했습니다. "주님, 제가 스스로 레슬리를 찾아 나선 것은 아니었습니다. 오히려 저는 이 아기를 키우도록 선택된 것입니다. 여기에는 이유가 있을 것이 아닙니까? 주여, 그 이유를 언제 가르쳐 주시겠습니까?" 기도라기보다 항변에 가까운 호소를 하면서 걸음마도 시켜 보고, 특수 요법으로 치료도 해보았습니다. 그러나 레슬리는 그 어떤 변화도, 살아있다는 신호 하나 보이지 않았습니다.

드디어 레슬리가 18세가 되었을 때입니다. 메이의 남편과 친척들과 친구들은 모두 이 아이를 포기하라고 설득했습니다. 그러나 그녀는 포기하지 않고 계속 기도했습니다. "사랑의 하나님, 성경의 기적을 믿습니다. 이 아이에게도 기적을 허락하소서. 정신적 감옥을 깨뜨리시고 새로운 생명으로 태어나는 기적을 주시옵소서." 이것은 메이 부인으로서도 마지막 호소이자 기도였습니다. 그러던 어느 날이었습니다. 메이는 레슬리가 엄지 손가락으로 기타를 튕기고 있음을 발견했습니다. 실로 18년 만에 처음으로 보여준 이 기적 앞에서, 순간 메이는 "음악이다! 음악이야!" 하고 외쳤습니다. 이 일이 있은 후, 메이는 남편과 레슬리의 방에 피아노, 전축, 라디오, 텔레비전을 켜 놓고 온통 음악으로 가득 채웠습니다. 그리고 레슬리의 손가락으로 짚어주며 연습을 시켰습니다. 그러나 레슬리는 한번의 기적으로 만족하라는 듯 별다른 변화가 보이지 않았습니다.

그러던 1971년 어느 겨울 새벽, 마침내 기적은 일어났습니다. 곤한 잠에 빠진 가족들은 누군가가 차이코프스키의 피아노 협주곡 1번을 연주하는 소리에 잠이 깨었습니다. 순간 메이는 무엇에 홀린 사람처럼 레슬리의 방으로 달려갔습니다. 거기에는 레슬리가 미소를 머금은 채 피아노를 연주하고 있었습니다. "하나님, 참으로 감사합니다. 레슬리를 잊지 않으셨군요." 순간 레슬리의 눈에도 실로 21년 만에 진주 같은 이슬이 맺혔습니다. 레슬리는 노래까지 부르기 시작했습니다. 너무나도 성량이 풍부했습니다. 그는 뉴욕 텔레비전에 출연하여 피아노를 연주했습니다. 레슬리는 더듬대며 말했습니다. "음악은 사랑입니다." 매스컴은 이 신화를 메이 부인의 「사랑과 기도의 기적」이라고 보도했습니다. 사랑만으로 부족합니다. 사랑하면서 우리는 기도해야 합니다. 인간이 벽에 부딪힐 때 기도를 통해 운명적인 좌절을 뛰어 넘어야 합니다. 성경은 말씀합니다. "의인의 간구는 역사 하는 힘이 많으니라"(야고보서 5:16).

성도 여러분, 초대교회 성도들은 함께 모여 기도하는 일에 매우 익숙했습니다. 우리는 개인적으로 기도할 줄 알아야 합니다. 그러나 때로는 함께 기도하는 일에도 힘을 써야 합니다. 합심기도는 교회의 힘입니다. 우리 교회는 금요일 밤 기도회, 각 기관의 합심기도회, 중보기도회가 있습니다. 그리고 24시간 릴레이 기도회가 있습니다. 지금까지 우리는 많은 기도의 역사를 체험했으며, 지금도 하고 있으며, 앞으로도 더 큰 기도의 응답과 능력을 확신하며 많은 성도들이 참여하고 있습니다.

성도 여러분, 우리 모두 믿음으로 기도합시다. 합심기도는 능력이 나타납니다. 합심해서 기도할 때 하나님은 함께 하십니다. 기도의 동역자를 위해 기도합시다. 우리 모두 이 기도운동에 참여합시다.

사랑하는 성도 여러분! 우리 주님은 말씀하십니다. "내가 진실로 너희에게 이르노니 만일 너희가 믿음이 있고 의심치 아니하면… 이 산더러 들려 바다에 던지우라 하여도 될 것이요 너희가 기도할 때에 무엇이든지 믿고 구하는 것은 다 받으리라 하시니라"(마태복음 21:21-22), "진실로 다시 너희에게 이르노니 너희 중에 두 사람이 땅에서 합심하여 무엇이든지 구하면 하늘에 계신 내 아버지께서 저희를 위하여 이루게 하시리라 두 세 사람이 내 이름으로 모인 곳에는 나도 그들 중에 있느니라"(마태복음 18:19-20). 아멘.

P·e·r·s·o·n·a·l·i·t·y·o·f·C·h·r·i·s·t·i·a·n

산 소망을 가집시다

³찬송하리로다 우리 주 예수 그리스도의 아버지 하나님이 그 많으신 긍휼대로 예수 그리스도의 죽은 자 가운데서 부활하심으로 말미암아 우리를 거듭나게 하사 산 소망이 있게 하시며 ⁴썩지 않고 더럽지 않고 쇠하지 아니하는 기업을 잇게 하시나니 곧 너희를 위하여 하늘에 간직하신 것이라 ⁵너희가 말세에 나타내기로 예비하신 구원을 얻기 위하여 믿음으로 말미암아 하나님의 능력으로 보호하심을 입었나니 ⁶그러므로 너희가 이제 여러 가지 시험을 인하여 잠깐 근심하게 되지 않을 수 없었으나 오히려 크게 기뻐 하도다 ⁷너희 믿음의 시련이 불로 연단하여도 없어질 금보다 더 귀하여 예수 그리스도의 나타나실 때에 칭찬과 영광과 존귀를 얻게 하려 함이라

베드로전서 1:3-7

10

산 소망을 가집시다

사탄이 하루는 자기의 졸개들을 불러 회의를 했다고 합니다. "어떻게 하면 더 많은 사람들을 타락시켜서 그들의 영혼을 지옥으로 끌고 올 수 있을 것인가?" 이것이 그날 회의의 의제였습니다. 사탄의 졸개들은 머리를 맞대고서 이런저런 방안을 강구하게 되었습니다. 이 회의에서 여러 가지 의견들이 제시되었습니다. 예컨대 "사람들은 자고로 돈을 좋아하므로 돈을 많이 벌게 해주십시다. 그렇게 해서 흥청망청 쓰는 가운데 죄를 짓게 만듭시다." 또 이런 의견이 나왔습니다. "사람들은 술에 약하므로 술을 마시게 해서 취하게 만듭시다. 그러면 개나 돼지처럼 행동하면서 타락할 테니까 지옥으로 끌려오는 영혼들이 많을 것입니다." 또 이런 의견도 있었습니다. "사람은 아담 때부터 여자의 유혹에 약하지 않습니까? 그러니 성적으로 타락시킵시다." 그러나 사탄은 그 모든 의견들이 별로 탐탁지 않게 생각되었습니다. 그래서 졸개들에게 물었습니다. "그런 것은 말고 뭐 다른 참신한 방법이 없는가?' 그때 졸개 가운데 하나가 일어서면서 이렇게 말했습니다. "지금까지 제시된 방법들로는 인간의 영혼을 그저 부분적으로만 타락시킬 수 있을 뿐입니다. 사람들의 마음속에 희망이 도사리고 있는 한 우리가 그들을 온전히 파멸시키지는 못할 것입니다. 그래서 제 생각에는 사람들의 마음속에 있는 희망을 빼앗아 버리고, 그 대신에 그들의 마음속에 깊은 절망감을 심어주는 것입니다. 그 방법은 틀림없이 효과가 있으리라고 생각합니다." 사탄은 이 말을 듣더니 무릎을 치면서 "그것 참 기막힌 수법일세!" 감탄하며 그 졸개를 칭찬해 주었다는 이야기입니다.

소망이 없는 인생은 죽은 것이나 다름이 없다는 말입니다. 오늘 본문에 나타난 사도 베드로는 본래 갈릴리의 어부였는데 예수님의 부름을 받고 12제자 중에서 대표격인 제자가 되었습니다. 그러나 3년 동안 예수님과 동행했지만 여전히 그는 세속적인 욕망을 버리지 못합니다. 제자들은 예수님이 큰 능력을 행하는 것을 보고 예수님 같은 분이면 분명히 이 나라를 로마의 압제 하에서 구출할 수 있는 지도자, 즉 메시아가 될 것이라고 생각했습니다. 베드로가 신앙을 고백합니다. 마태복음 16장에서 "주는 그리스도시요 살아 계신 하나님의 아들입니다." 하고 고백했을 때, 예수님은 이렇게 칭찬하십니다. "천국 열쇠를 준다. 너는 베드로다." 그리고 곧 이어서 예수님께서 십자가를 지신다고 할 때에 베드로가 말했습니다. "절대로 지지 마십시오. 그런 일이 있을 수 없습니다." 왜 그렇게 말했겠습니까? 그는 여전히 세속적인 욕망을 가지고 있었기 때문입니다. '유대나라의 왕이 될 분이 그 무슨 십자가와 같은 불길한 것을 다 생각하십니까?' 아마 이런 생각을 했을 것입니다. 그때 예수님께서는 단호하게 책망하셨습니다. "사탄아, 너는 내 뒤로 물러가라. 너는 나를 넘어지게 하는 자로다." 그는 여전히 세속적인 욕망과 관심에서 벗어나지 못했습니다.

그러던 베드로가 예수님께서 십자가를 지시고 부활하신 후 승천하시는 과정을 보고서 비로소 성령의 충만을 받아 하늘이 열리는 경험을 합니다. 그는 영원한 가치를 발견했고 그 때부터 그의 관심은 바뀌었습니다. 그는 영원한 가치가 바로 산 소망임을 알았습니다. 그는 산 소망을 보았고 사모했습니다. 그리고 산 소망이 그의 삶을 지배했습니다. 산 소망($\epsilon\lambda\pi\iota\delta\alpha\ \zeta\omega\sigma\alpha\nu$, 엘피다 죠산, Living Hope), 이 한 마디는 베드로의 신앙과 신학의 핵심입니다.

한 스코틀랜드 설교자가 이렇게 말했습니다. "이 세상에서 우리가 사용하는 말 중에 가장 불경스러운 말은 '소망이 없다.'는 말이다. 만약 누군가가 자신이 처한 상황 때문에 소망이 없다고 말한다면 그는 자신에게 찾아오시는 하나님을 막고 문전박대 하는 것이다."

베드로는 그 당시에 신앙의 핍박 때문에 고생하며 모든 것을 포기하고 여기 저기에 흩어진 그리스도인들에게 우리가 살아야할 이유가 바로 살아있는 소망임을 말하고 있습니다. 베드로는 오늘 이러한 절망적인 상황가운데에서 우리는 낙심하지 않고 희망을 가지고 살아야 할 이유에 대해서 말씀하고 있습니다.

성도 여러분, 우리는 나그네 인생입니다. 그러나 갈 곳이 없는 나그네가 아니라 분명한 목표를 가지고 길을 걷는 순례객입니다. 즉 산 소망을 가지고 살아가는 나그네입니다.

1. 산 소망을 가진 자는 누구입니까?

이 세상의 모든 사람들이 다 산 소망을 가지는 것은 아닙니다. 세상 모든 사람들은 자기 나름대로 희망을 가지고 있습니다. 그러나 다 일시적이요, 세속적이요, 이기적인 것들입니다. 산 소망을 가진 사람은 오직 예수 그리스도를 통해 구원받은 사람입니다. "찬송하리로다 우리 주 예수 그리스도의 아버지 하나님이 그 많으신 긍휼대로 예수 그리스도의 죽은 자 가운데서 부활하심으로 말미암아 우리를 거듭나게 하사 산 소망이 있게 하시며"(베드로전서 1:3). 산 소망을 가진 사람은 그리스도 안에서 거듭난 사람입니다. 예수 안에서 새로운 피조물이 된 사람입니다. 바로 영생을 얻은 자입니다. 우리가 그리스도 안에서 소망을 가질 수 있는 가장 기본적이고 중요한 근거는 예수 그리스도의 아버지 하나님이 그분의 크신 긍휼로 우리를 거듭나게 하셨다는 사실입니다.

우리가 여기서 알아야 하는 것은 세상 사람들은 아무나 다 구원받는 것이 아닙니다. 구원받는 사람은 하나님의 긍휼을 받은 사람이어야 합니다. 우리를 거듭나게 하신 분은 하나님입니다. 우리의 노력이나 결단으로 된 것이 아닙니다. 그리고 그의 크신 긍휼을 따라 된 것입니다. 긍휼이 무엇입니까? 긍휼은 근본적으로 불쌍한 자에게 베푸는 것입니다. 스스로의 힘으로 어떻게 할 수 없는 어려움에 빠진 사람을 건져주고 싶은 마음의 움직임을 긍휼이라고 합니다. 그러므로 긍휼을 받는 사람에게 받을 만한 자격이 있다면 그 사람에게는 긍휼이 필요 없는 것입니다. 자격이 없는 자에게 베푸는 것이 긍휼입니다. 그러므로 우리는 아무런 자격이 없이 은혜를 입은 자들입니다. 우리는 다 죄인들이었으나 우리의 그 크고 많은 죄가 예수 그리스도의 긍휼로 다 용서받고 씻음 받았습니다. 성도 여러분, 우리 같은 죄인이 어떻게 하나님께로 나아올 수 있습니까? 우리의 죄보다 더 크고 많으신 그분의 긍휼하심을 의지해서 나아오는 것입니다.

에베소서 2장 12절에서 바울은 그리스도 밖에 있는 인간을 이렇게 묘사합니다. "그 때에 너희는 그리스도 밖에 있었고 이스라엘 나라 밖의 사람이라 약속의 언약들에 대하여 외인이요 세상에서 소망이 없고 하나님도 없는 자이더니". 우리는 그렇게 소망이 없던 자였습니다. 그런데 그런 우리가 언제 소망을 갖게 되었습니까? 바로 예수님을 믿고 거듭나는 순간입니다. 새 생명을 얻을 때 우리에게 참 소망이 생겼습니다.

성도 여러분, 예수 그리스도께서 우리의 삶을 변화시켰고 예수 안에서 모든 것이 바뀌었습니다. 산 소망을 가졌습니다. 우주를 창조하시고 세상을 다스리시는 하나님이 내 작은 삶에 개입하시어 나를 변화시켜서 거듭나게 하심으로, 우리가 이 영광스러움을 경험케 하셨습니다. 이것은 나의 노력이나 의지가 아니라 전능하신 하나님이 주권적으로 역사하셔서 이루어졌습니다. 하나님이 나를 거듭나게 하셨습니다. 세상을 창조하신 창조주가 나를 거듭나게 하셨습니다. 이 구원받은 백성은 산 소망을 가지고 사는 사람들입니다.

2. 산 소망의 내용은 무엇입니까?

산 소망은 어떤 것입니까? 우리가 거듭남으로 산 소망을 얻게 되었는데 그렇다면 그 소망의 구체적인 내용은 무엇입니까?

1) 부활입니다.

"찬송하리로다 우리 주 예수 그리스도의 아버지 하나님이 그 많으신 긍휼대로 예수 그리스도의 죽은 자 가운데서 부활하심으로 말미암아 우리를 거듭나게 하사 산 소망이 있게 하시며"(베드로전서 1:3)라고 했습니다. 우리가 소망을 소유하게 된 것은 그리스도의 부활을 통해서입니다. 오늘 본문의 말씀을 기록할 당시에, 로마제국의 수도인 로마시에 광란에 사로잡힌 네로 황제가 방화를 했습니다. 로마의 대화재 사건입니다. 많은 사람들이 부상과 죽임을 당했고 피해도 컸습니다. 네로는 정치적인 희생물이 필요했습니다. 그는 모든 화재의 원인을 기독교인들에게 돌렸습니다. 결국 수많은 기독교인들이 로마의 원형경기장에서 십자가형과 화형, 그리고 동물의 밥이 되는 끔찍한 시련을 겪게 되었습니다. 그들은 박해를 견딜 수 없게 되었고, 로마시내에서는 도저히 살아갈 수 없어 여러 군데로 흩어지게 되었습니다. 그래서 소아시아 지방으로 이주하게 된 그들은 「카타콤」이라는 지하굴로 들어가 밝은 세상을 보지 못한 채 그들은 절망에 빠졌습니다.

베드로는 이러한 상황에 있는 그들에게 편지를 보냅니다. 편지를 받은 갑바도기아에 있는 기독교인들은 핍박을 피해 땅속으로 들어갔습니다. 거의 도시 전체가 땅굴처럼 되어 있었습니다. 그러나 베드로는 이 핍박 속에 살고 있는 성도들에게 산 소망에 대해서 말하고 있습니다. 베드로는 모든 것을 포기하고 여기 저기에 흩어진 그리스도인들에게 인생을 포기하지 말 것을 말합니다. 우리가 살아야 할 이유가 바로 살아있는 소망임을 이야기합니다. 베드로는 오늘 이러한 절망적인 상황 가운데에서 우리는 낙심하지 아니하고 희망을 가지고 살아야 할 이유에 대해서 말씀합니다.

그러면 그 산 소망은 무엇입니까? 우리가 절망 속에서도 살아야 할 이유는 무엇입니까? 우리는 부활의 주님을 만났기 때문입니다. 다시 사신 예수님을 믿는 사람이기 때문입니다. 예수님이 십자가에 달려 죽으셨을 때 그 공동체는 다 죽어가고 와해되었습니다. 그들은 낙심했고 절망 가운데 있었습니다. 그러나 그들은 어느 한순간에 다시 예루살렘에 모이게 되었고, 목숨을 걸고 복음을 전하게 되었습니다. 어떻게 그들이 변할 수 있었습니까? 바로 그들은 부활하신 주님을 만났기 때문입니다. 엠마오 도상에서의 두 제자는 예수님을 만난 후, 그들은 다시 예루살렘으로 돌아와 예수님을 전하게 되었습니다. 바로 이것이 교회의 시작입니다. 이것이 기독교의 시작이었습니다. 기독교는 절망에서 희망으로 바뀌어 가는 것입니다. 왜냐하면 부활하신 주님을 믿기 때문입니다.

우리는 이 땅에서 거듭나는 경험을 통해서 마지막 날에 부활할 것을 소망하게 됩니다. 거듭나는 것이 인간 내면의 변화라면, 부활은 영과 육이 아울러 변화되는 총체적인 변화입니다. 더 나아가 그리스도의 부활은 우리 성도들의 부활의 첫 열매입니다. 그래서 우리 예수 그리스도의 부활을 통해 우리도 부활할 수 있다는 소망을 가지게 됩니다.

그러므로 부활은 우리의 소망이 되어야 합니다. 예수 그리스도의 부활은 우리 모두의 소망입니다. 우리가 진정으로 꿈꾸는 것은 부활에 근거한 것입니다. 만약 우리에게 부활의 소망이 없다면 우리는 지극히 불쌍한 자입니다. 특별히 이 편지를 처음 읽고 있는 독자들인 초대교회의 성도들을 생각해 보십시오. 그들은 예수를 믿는다는 이유로 온갖 고난과 죽음의 위협을 당했습니다. 그러나 그들이 죽음의 위협에도 굴하지 않았던 것은 바로 부활의 소망 때문이었습니다. 사도 바울은 고린도전서 15:16-19절까지를 통해 아주 강력하게 부활을 증거 합니다. "만일 죽은 자가 다시 사는 것이 없으면 그리스도도 다시 사신 것이 없었을 터이요 그리스도께서 다시 사신 것이 없으면 너희의 믿음도 헛되고 너희가 여전히 죄 가운데 있을 것이요 또한 그리스도 안에서 잠자는 자도 망하였으리니 만일 그리스도 안에서 우리의 바라는 것이 다만 이생뿐이면 모든 사람 가운데 우리가 더욱 불쌍한 자리라"

성도 여러분, 오늘 본문에서 베드로는 소망의 근거를 어디에 두고 있습니까? 예수 그리스도의 부활 사건에 둡니다. 이제 베드로는 영원한 세계와 부활을 발견했습니다. 그리고 그는 로마에서 거꾸로 못 박혀 죽는 것을 주저하지 않았습니다. 그는 눈앞에서 하나님의 능력, 하나님의 재창조의 능력, 하나님의 위대한 능력을 보면서 산 소망이 그 속에 살아 있었습니다.

여러분, 소망과 소원은 다릅니다. 우리 인간들은 소원을 합니다. 그것은 자신의 마음입니다. 그러나 소망은 하나님이 약속해 주신 바를 말합니다. 하나님의 약속에 대한 우리의 응답이 바로 믿음입니다. 그 믿음으로 그 약속을 받아들이게 됩니다. 그것을 받아들이는 순간 그 약속의 산 소망이 우리의 마음과 생각을 지배하게 됩니다. 우리의 인격을 완전히 붙들고 나갑니다. 이 사람이 그리스도인입니다.

유엔 사무총장을 지낸 더그 함마슐드 총장은 이런 글을 썼습니다. "콜롬부스가 배를 타고 아메리카 신대륙을 발견하게 되는데, 그 배를 타고 있던 선원 중 한 사람이 큰 걱정과 근심으로 가득했습니다. 그 선원은 고향에서 구두수선 직공으로 일했습니다. 그런데 그 구두를 수선하는 집 주인의 나이가 많았습니다. 그래서 이 사람은 미국에서 돈을 벌어서 고향으로 돌아가 그 주인의 구두수선 가게를 인수받으려는 것이 그의 소원이었습니다. 그래서 이 사람은 풍랑이 일어날 때마다 '아이고, 이거 죽으면 어떡하나!', 좀 시간이 늦을 때마다 '이거 늦으면 못 가는데 이거 어떡하나!', 또 '내가 가기 전에 그 노인이 죽으면 어떡하나!' 하는 생각으로 걱정이 가득했습니다. 이 사람은 신대륙 아메리카를 발견하는 이 귀하고 위대한 역사에 동참한 사람입니다. 가게 하나에 매여 다시 집으로 돌아가지 못할까 걱정하는 이 불쌍한 청년을 생각해 보십시오. 콜롬부스가 가진 소원은 저 앞에 있는 것이고, 이 청년이 가진 소원은 저 과거에 있었습니다.

성도 여러분, 우리에게는 영원히 살 수 있는 부활의 산 소망이 있습니다. 이 부활의 소망을 가지고 그 날을 바라보고 소망 가운데 살아갑시다.

2) 우리가 소망해야 할 것은 하늘의 기업입니다.

"썩지 않고 더럽지 않고 쇠하지 아니하는 기업을 잇게 하시나니 곧 너희를 위하여 하늘에 간직하신 것이라"(베드로전서 1:4). 우리가 거듭나는 순간, 우리는 하나님의 자녀가 되고 하나님께서 세우신 새로운 가족의 일원이 됩니다. 그러므로 우리는 그 가족의 기업을 이을 자격을 얻게 되는 것입니다. 그런데 이 기업은 세상의 기업과는 다른 특징들을 가지고 있습니다.

본문 4절은 그 기업을 두 가지로 설명합니다.

① 먼저 그 기업은 썩지 않고 더럽지 않고 쇠하지 않는 것입니다. 이것이 바로 세상의 유산과 다른 점입니다. 하나님이 이스라엘 백성들에게 주신 기업인 가나안 땅은 외적의 침입에 의해 빼앗기기도 하고 내부의 부패에 의해 잃어버리기도 하는 불완전한 기업입니다. 그러나 하늘의 기업은 썩지 않고 더럽

지 않고 쇠하지도 않는 것입니다. '썩지 않고' 라는 말은 부패하고 소멸되지 않는 것을 가리킵니다. 이 땅의 것은 다 부패합니다. 또한 부패하지 않으면 소멸됩니다. 그러나 하늘에 있는 기업은 부패와 죽음의 영향을 전혀 받지 않습니다. 좀과 동록이 해칠 수도 없고, 죽음마저도 없앨 수 없는 것이 하늘의 기업입니다. '더럽지 않고'는 다른 색으로 착색되지 않는 것을 뜻합니다. 도덕적으로나 영적으로 착색되지 않는 것, 세상의 사조와 같은 색깔로는 물들지 않는 것을 가리킵니다. 한마디로 도덕적인 부정이 없는 것입니다. 우리가 땅에서 얻는 기업은 얼마나 많은 부정으로 얼룩져 있습니까? 다른 사람의 것을 탈취하거나 속여서 얻은 것도 있고 이웃을 압박해서 얻은 것도 있습니다. 그러나 우리 그리스도인들이 장래에 받을 기업은 이런 부정에 물든 것이 아닙니다. 이 세상의 죄에 물들거나 오염되지 않은 것입니다. 흠이 없고 순수한 것입니다. '쇠하지 않고' 영원히 아름다움을 보존하는 것을 뜻합니다. 아무리 아름다운 꽃도 시간이 지나면 시들어 버립니다. "아름다운 꽃도 열흘을 가지 못하고, 권세도 십 년을 가지 못한다."는 말이 있습니다. 이 세상의 아름다움은 다 꽃과 같이 시간이 흐르면 시듭니다. 그러나 그리스도인의 기업은 영원히 시들지 않습니다. 주석가 반즈(Barnes)는 그리스도인의 기업을 이렇게 표현했습니다. "영광의 면류관은 수 백년을 써도 그 빛을 잃지 않을 것이고, 황금 길은 그 광채를 잃지 않을 것이며, 생명수 강변에 핀 꽃들은 우리가 처음 보았을 때와 같이 색깔이 풍부하고 향기가 넘칠 것이다."

② 그 기업은 하늘에 간직되어 있습니다. 그 기업이 너희를 위하여 하늘에 간직되어 있다고 성경은 말씀합니다(베드로전서 1:4). 세상의 기업은 누군가가 손을 댈 수 있습니다. 그래서 사람들은 훔쳐가지 못하게 하려고 이중 삼중으로 잠금 장치를 합니다. 그래도 안심하지 못하는 것이 세상의 기업입니다. 그러나 우리가 받을 기업은 세상의 재물이나 유산처럼 누군가가 손을 댈 수 있는 것이 아닙니다. 그것은 안전하게 하늘에 간직되어 있습니다. 우리가 받을 하늘의 기업은 도둑이 손을 댈 수 없습니다. 가장 안전한 곳에 있기 때문입니다. 그렇습니다. 천국은 우리가 가장 안심하고 맡길 수 있는 곳입니다. 천국은 가장 안전한 곳입니다.

성도 여러분, 우리는 하늘 나라의 기업을 소망하고 살아가는 천국백성들입니다. 우리 하나님께서 그분의 긍휼하심으로 우리를 구원하시고, 우리를 위해 이런 놀라운 기업을 하늘에 깊이 간직해 놓으셨습니다. 놀랍고 감사할 일이 아닙니까?

3) 우리가 소망해야 할 것은 마지막 날의 구원입니다.

"너희가 말세에 나타내기로 예비하신 구원을 얻기 위하여 믿음으로 말미암아 하나님의 능력으로 보호하심을 입었나니"(베드로전서 1:5). 우리의 산 소망은 마지막 날에 구원받는 것입니다. 우리의 구원이 무엇입니까? 우리는 이미 예수님을 믿음으로 구원을 받았고 모든 죄를 용서받았습니다. 이것이 과거의 구원입니다. 지금 우리는 구원을 확신하고 구원받은 백성으로 날마다 은혜 안에서 자라갑니다. 이것은 현재의 구원입니다. 그리고 이제 마지막 미래의 구원이 기다리고 있습니다. 미래의 구원은 구원의 궁극적인 성취를 가리킵니다. 이 미래의 구원은 마지막 때에 이루어집니다. 그 마지막 때가 언제입니까? 하나님께서 계획하신 이 세상의 마지막, 주 예수 그리스도의 재림의 때를 가리킵니다. 예수 그리스도께서 재림하실 그때가 되면 하나님은 그리스도인을 억압하는 모든 악한 세력을 멸하시고 신자들을 구원하실 것입니다. 하나님은 우리를 위해 그 구원을 예비해 놓으셨습니다. 이것이 우리의 산 소망입니다. 그리고 우리가 그 구원을 얻을 수 있도록 우리를 보호하신다고 했습니다.

여기서 '보호하신다'는 말은 현재분사입니다. 헬라어에서 현재 시제는 지속적이고 반복적인 동작을 가리킵니다. 매일의 삶에서 우리를 계속해서 돌보신다는 말입니다. 무엇을 위해서입니까? 마지막 날에 하나님께서 예비하신 구원을 우리로 하여금 얻게 하기 위해서입니다. 하나님께서 우리를 위해 그 놀라운 구원을 예비해 놓으시고 우리를 마지막 때까지 계속해서 지키신다는 말입니다. 우리가 사는 이 곳에서 그리스도인이 직면하는 삶의 위기가 어떤 것이든 우리는 염려할 것이 없습니다. 그것은 우리는 이 땅에서 우리 혼자 남겨진 것이 아니기 때문입니다. 그리스도인은 저 하늘에서만이 아니라 심지어 이 땅에서도 미래에 대해 모든 것을 알고 계시며, 자기에게 속한 자들을 보호할 능력이 있으신 전능하신 하나님의 보호를 받는 것입니다. 그러므로 오늘 우리에게 필요한 것은 하나님이 이런 놀라운 축복을 나를 위해 계획하고 계신다는 사실을 믿음으로 받아들이는 것입니다.

3. 산 소망을 가진 자의 시련

1) 하나님은 소망을 가진 자에게 시련을 허락하십니다.

"너희 믿음의 시련이 불로 연단 하여도 없어질 금보다 더 귀하여 예수 그리스도의 나타나실 때에 칭찬과 영광과 존귀를 얻게 하려 함이라"(베드로전서 1:7). 시련은 피할 수 없습니다. 그러나 시련은 잠깐입니다. 왜 우리에게 시련을 주십니까? 그 것은 우리의 믿음이 연단을 받아서 순수하게 되도록 하시기 위해 불로 연단 하여도 없어지지 않는 금보다 더 귀한 것으로 만들어주시기 위해서입니다. 그리할 때 장차 예수 그리스도의 재림 때에 칭찬과 명예를 차지하게 하려는 것입니다. 여기서 베드로는 금과 믿음을 비교하고 있습니다. 먼저 공통점으로는 둘 다 연단을 받아야 한다는 것입니다. 금을 만들 때에는 반드시 정제과정을 거쳐야 합니다. 우리의 믿음도 연단과정을 거쳐야 합니다. 한편 다른 점은 아무리 정제과정을 거쳐도 금은 결국 없어지고 말지만, 결코 믿음은 없어지지 않고 영원하다는 점입니다.

왜 하나님은 우리에게 시련을 허락하십니까? 우리의 믿음을 연단 받게 하려고 허락하십니다. 여기서 믿음은 시련 속에서도 하나님을 향한 충성심을 잃지 않는 믿음을 가리킵니다. 우리의 믿음이 연단을 받으면 그것은 이 세상에서 가장 귀한 가치를 지닌 정제된 금보다 더 귀한 것이 됩니다. 그런 연단을 거친 믿음을 가진 자만이 그리스도께서 재림하실 때 칭찬과 영광과 존귀를 얻게 됩니다. 바로 그 이유 때문에 하나님은 우리에게 시련을 허락하십니다. 그러므로 참 소망을 가지고 사는 성도는 어떤 시련이 와도 믿음으로 이길 수 있습니다. 우리에게 시험을 주시는 것은 우리를 연단하여 영광스러운 자리에 세우시기 위해서입니다. 고난을 통과한 믿음이 가장 귀한 믿음입니다. 금도 결국은 없어집니다. 그러나 고난을 통해 연단 받은 믿음은 예수 그리스도께서 다시 오실 때까지, 곧 영원토록 남는 것이므로 더 귀한 것입니다. 시련을 통해 연단 받은 믿음을 가진 사람은 주님께서 다시 오실 때에 칭찬과 영광과 존귀를 받는다고 했습니다.

성도 여러분, 소망을 사모해야 합니다. 이 땅의 삶을 모두 마친 후 주님 앞에 갔을 때에 우리 주님으로부터 "잘 하였도다 착하고 충성된 종아 네가 작은 일에 충성하였으매 내가 많은 것으로 네게 맡기리니 네 주인의 즐거움에 참예할지어다"라는 말씀을 들으며 영광을 누릴 수 있기를 바랍니다. 믿음의 시련을 거친 사람은 이런 영광스러운 순간을 맞게 됩니다.

2) 시험은 잠깐입니다.

"그러므로 너희가 이제 여러 가지 시험을 인하여 잠깐 근심하게 되지 않을 수 없었으나"(베드로전서 1:6). 시험은 잠깐입니다. 그리고 하나님은 우리의 연약함을 잘 아시기 때문에 시련을 오래 주시지 않고 잠깐 동안만 주십니다. 그리고 하나님은 우리가 감당하지 못할 시험을 허락하지 않으십니다. 시험을 당할 때에는 그 시험이 언제 끝날지 알 수 없고 한없이 계속될 것 같습니다. 그러나 그 시험은 영원한 나라에서 얻을 영광에 비하면 잠깐입니다. 지금 어려운 시험을 겪고 있는 분이 계십니까? 시험을 당할 때 가장 어려운 것은 언제 끝날지 모른다는 것입니다. 도대체 언제쯤 되면 내가 겪고 있는 이 시험이 끝날 것인지 알 수 없다는 것이 가장 고통스럽습니다. 끝만 분명히 보인다면 견딜 수 있습니다. 그러나 여러분이 기억하실 것이 있습니다. 오늘의 성경 본문은 그 시험이 잠깐이라고 말씀합니다. 잠깐 후면 끝이 납니다. 그리고 그 시험이 끝나면 불로 단련한 금보다도 더 귀한 하나님의 사람이 되어 영광을 얻게 될 것입니다. 베드로가 이 서신을 기록할 때는 그 자신도 많은 고난 속에서 살고 있을 때입니다. 자신도 언제 죽을지 알 수 없는 절박한 상황에 처해 있었습니다. 지금 우리가 겪을 수 있는 고난과 비교해도 결코 작지 않은 고난을 당하고 있었습니다. 그는 그런 절박한 환경에서 자신을 위한 하나님의 계획을 묵상하기 시작했습니다. 외부 환경은 고통스럽지만 그의 내면은 소망 중에 하나님을 바라보기 시작한 것입니다. 사도 바울은 말합니다. "잠시 받는 환난의 경한 것이 지극히 크고 영원한 영광의 중한 것을 우리에게 이루게 함이니"(고린도후서 4:17). 잠시 받는 환난의 경한 것, 이것이 바울의 말씀입니다. 시련은 있을 수밖에 없고, 그 위대한 소망 앞에서 생각할 때 이 시련은 잠깐 지나가는 것입니다. 또한 '믿음의 시련'이라는 말씀입니다. 그렇습니다. 우리가 당하는 시험은 잠깐입니다. "사람이 감당할 시험밖에는 너희에게 당한 것이 없나니 오직 하나님은 미쁘사 너희가 감당치 못할 시험 당함을 허락지 아니하시고 시험 당할 즈음에 또한 피할 길을 내사 너희로 능히 감당하게 하시느니라"(고린도전서 10:13). 산 소망을 가진 성도는 시련을 능히 극복하고 승리할 수 있습니다.

3) 시련을 크게 기뻐합니다.

"그러므로 너희가 이제 여러 가지 시험을 인하여 잠깐 근심하게 되지 않을 수 없었으나 오히려 크게 기뻐 하도다"(베드로전서 1:6). 시험을 당하여 근심하는 것을 오히려 크게 기뻐한다는 말은 무슨 의미입니까? 우리가 거듭난 후에 얻을 기업을 생각할 때, 또한 마지막 때에 이루어질 영광스러운 구원을 생각할 때, 그리고 그때까지 하나님이 지키실 것을 생각할 때, 우리는 우리의 삶에 존재하는 여러 고난에도 불구하고 크게 기뻐하게 됩니다. 초기 그리스도인들은 그들을 위협하는 실재적인 고난 속에서, 이와 같이 살아있고 생생한 하나님에 대한 실재적인 경험으로 인하여 기뻐했던 것입니다. 그러므로 베드로는 다시 한번 그들이 이 땅에서 어떤 시험을 당하든지 그리스도 안에 있는 기쁨을 없앨 수 없다는 것을 확신 있게 선포합니다. 여기서 '여러 가지 시험'은 '모든 종류의 시험'이라고 번역할 수 있습니다. '모든 종류'라는 말은 '여러 가지 색깔을 가지고 있는'이라는 뜻입니다. 그리스도인은 이 땅에 살면서 각양 각색의 시험을 만날 수 있습니다. 그러나 그리스도인이 어떤 색깔의 시험을 만나든지 하나님의 은혜도 역시 각양 각색이기 때문에 항상 완벽하게 그 문제를 해결할 것입니다. 다양한 시험이 있지만 다양한 하나님의 은혜가 우리를 지킨다는 말입니다. 시험을 당할 때 고통스러운 것은 지극히 자연스러운 일입니다. 시험을 당할 때 고통스럽지 않다면 오히려 더 이상한 일일 것입니다. 그래서 오늘 성경은 "시험을 당하면 근심하게 되지 않을 수 없다."고 한 것입니다.

성도 여러분, 하나님은 예수 그리스도를 통해 나를 거듭나게 하셨습니다. 그리고 거듭난 나에게 부활의 소망을 주시고, 썩지 않고 더럽지 않고 쇠하지 않는 기업을 잇게 하셨습니다.

그리고 그 기업을 아무도 빼앗을 수 없는 하늘에 간직하고 계십니다. 더 나아가 마지막 날에 나를 구원하시려고 하나님의 능력으로 나를 보호하고 계십니다. 그리고 마지막 날 우리에게 창찬과 영광과 존귀를 얻게 하시려고 금을 연단하듯이 우리를 시험하십니다. 이 놀라운 하나님의 섭리를 알게 될 때 우리는 베드로처럼 하나님을 찬양할 수 있습니다. "찬송하리로다 우리 주 예수 그리스도의 아버지 하나님이 그의 크신 긍휼을 따라 예수 그리스도의 부활을 통하여 나를 거듭나게 하시고 내게 산 소망을 주셨구나!'

프랑스 파리에 있는 어느 수도원에 가면, 그 들어가는 입구에 큰 돌비석이 있는데 그 비석에는 이런 글이 있다고 합니다. "Apres cela, Apres cela, Apres cela"(아프레 쓸라). 프랑스어입니다. 그 뜻은 "그 다음은, 그 다음은, 그 다음은"이란 말입니다. 법과대학 졸업반에 다니는 한 학생이 고학을 하다가 남은 한 학기는 도저히 학자금을 조달할 수 없었습니다. 휴학을 해야할 것 같은 생각이 들어 마음이 아팠습니다. 그래서 어느 수도사를 찾아갔습니다. "저를 좀 도와주십시오. 마지막 학기인데 학비를 좀 도와주시면 고맙겠습니다." 수도사가 말했습니다. "마침 조금 전에 어떤 교인이 좋은 일에 써 달라고 돈을 한 묶음 주고 갔는데 이건 분명히 자네를 위한 것일세." 돈을 세어 보지도 않고 한 줌을 집어주었습니다. 이 청년이 답답하던 중에 갑자기 소원이 이루어지자 당황해 하며 오히려 걱정이 되어 물었습니다. "이거 가져도 되는 겁니까?" "아, 그럼. 이것은 자네 것이야. 하나님이 자네에게 주시는 걸세." "감사합니다. 감사합니다." 이렇게 인사를 하고 돌아서는데 "잠깐만." 하고 불렀습니다. "뭡니까?", "내가 하나 묻는데 그것으로 뭘 하려나?" "아, 그게 무슨 말씀입니까? 등록금을 치러야지요.", "그 다음은?" "공부 해야죠.", "공부하고?" "졸업 해야죠.", "그 다음은?" "변호사가 되어 억울하게 당하는 사람들을 위해 의로운 변호를 하겠습니다." "그 다음은?" "돈을 좀 벌겠습니다.", "그 다음은?" "결혼을 하겠습니다.", "그 다음은?" 심상치 않은 질문에 그는 더 이상 대답을 못합니다. 수도사는 빙그레 웃으면서 말했습니다. "그 다음은 내가 말하지. 자네도 죽어야 되네. 그 다음은 자네도 하나님의 심판대 앞에 설 것일세. 알았는가?" "알겠습니다." 인사를 하고 나오는데 귓가를 계속 울리는 음성이 있습니다. "Apres cela"(그 다음은, 그 다음은, 그 다음은)란 말이 견딜 수 없이 계속 들려옵니다. 청년은 그 돈을 내던지고 수도원으로 들어가 수도를 했습니다. 훗날 훌륭한 수도사가 되어 한 평생 귀한 일을 많이 했다고 합니다. 그리고 그가 죽고 난 다음, 그의 묘비에는 그가 한 평생 자기 책상 앞에 써놓고 좌우명으로 외우던 세 마디, "Apres cela, Apres cela, Apres cela"(그 다음은, 그 다음은, 그 다음은)를 남겼습니다. 오늘날 우리 주위에는 많은 사람들이 그들의 마지막이 어떻게 될 것인지를 모르고 살아갑니다. 즉 궁극적인 상태를 모르는 채 하루하루 살아갑니다. 그리고 죽을 것입니다.

그 다음은 하나님의 심판대 앞에 설 것입니다.

성도 여러분, 그러나 우리는 산 소망을 가지고 살아가는 하나님의 백성들입니다. 우리는 궁극적인 가치를 아는 사람입니다. 우리의 최후의 마지막을 압니다. 구원의 소망이 있고, 천국의 소망이 있습니다. 재림 때에는 부활할 소망을 가지고 살아갑니다. 우리는 우리의 마지막을 분명히 바라보고 살아가는 산 소망을 가진 복된 자들입니다. 그러므로 비록 우리에게 시련이 닥치더라도 그 시련을 통해 우리의 믿음이 순수하고 온전하고 강하게 되어, 금보다 귀한 믿음으로 만들어 주실 것을 알고 이 산 소망을 가졌습니다. 그러기에 저 앞을 바라보면서 기뻐하고 즐거워합니다. 벅찬 기쁨으로 앞에 있는 시련을 쉽게 넉넉하게 이겨 나가는 것입니다.

성도 여러분, 우리에게 있는 이 산 소망, 확실한 약속만 있으면 우리는 현재의 어려움을 능히 이길 수 있습니다. 우리가 이 산 소망의 포로가 되어 살아갈 때 우리는 진정한 승리와 평화, 그리고 영광과 상급을 받을 것입니다. 아멘.

P·e·r·s·o·n·a·l·i·t·y·o·f·C·h·r·i·s·t·i·a·n

무신론자에게 여호와의 피난처를

¹어리석은 자는 그 마음에 이르기를 하나님이 없다 하도다 저희는 부패하고 소행이 가증하여 선을 행하는 자가 없도다 ²여호와께서 하늘에서 인생을 굽어 살피사 지각이 있어 하나님을 찾는 자가 있는가 보려 하신즉 ³다 치우쳤으며 함께 더러운 자가 되고 선을 행하는 자가 없으니 하나도 없도다 ⁴죄악을 행하는 자는 다 무지하뇨 저희가 떡 먹듯이 내 백성을 먹으면서 여호와를 부르지 아니하는도다 ⁵저희가 거기서 두려워하고 두려워하였으니 하나님이 의인의 세대에 계심이로다 ⁶너희가 가난한 자의 경영을 부끄럽게 하나 오직 여호와는 그 피난처가 되시도다 ⁷이스라엘의 구원이 시온에서 나오기를 원하도다 여호와께서 그 백성의 포로된 것을 돌이키실 때에 야곱이 즐거워하고 이스라엘이 기뻐하리로다

시편 14:1-7

무신론자에게 여호와의 피난처를

일본 후지산에서 33구의 시체가 발견된 일이 있었습니다. 일본에서 자살방법을 소개하는 안내서가 1999년 9월에 발간된 이후 무려 17만 부가 팔려나갔고, 그때부터 자살 사건이 늘어나기 시작했습니다. 그 자살 안내서에는 다른 사람들이 시체를 발견하지 못하도록 삼림이 우거진 숲 등지에서 목숨을 끊으라고 친절히 안내하고 있습니다. 이 책이 경제대국이라는 일본에서 베스트 셀러가 되었던 것입니다. 이것은 무엇을 말합니까? 물질주의와 허무주의의 상관관계를 너무도 분명하게 보여주는 장면입니다.

오늘날 많은 사람들이 우리 인생이 어디서 와서 무엇을 위해 살아야 하며, 결국 어디로 가는지를 모르기 때문에 스스로 목숨을 끊어버리는 일들이 속출하고 있습니다. 이것을 모르는 척 살아가는 사람이 어려움과 절망이 닥칠 때에는 결국 어떻게 하겠습니까? 스스로 목숨을 끊어버립니다. 이것이 무신론자들의 모습입니다. 우리나라가 자살률 세계 10위라는 불명예를 얻고 있습니다. 청소년에서 노인 등 하루 23명 꼴이라고 합니다. 자살률은 흔히 인구 10만 명당 자살자수로 비교됩니다. 대개 10만 명당 자살자 수가 10명을 넘으면 자살률이 높은 편입니다. 그런데 우리나라는 96년을 기준으로 할 경우 10만 명당 자살자는 19.2명입니다. 전통적으로 높은 자살률을 보여온 헝가리, 핀란드, 덴마크 등에는 미치지 못하지만, 동양권에서는 가장 높고 세계적으로도 10위권을 오르내리는 기록입니다.

더구나 우리의 자살자 통계에는 노인 자살자의 수가 실제보다 훨씬 낮게 잡히고 있다는 것이 정설입니다. 자살자 통계에서 또하나 눈에 띄는 변화는 10대 이하의 청소년 자살이 크게 늘어났다는 대목입니다. 자살 원인은 "급속한 산업화와 공업화, 고도성장 끝에 찾아든 극심한 경제불황과 취업난이 많은 이들에게 좌절감과 압박감을 가져다준 결과"라고 전문가들은 분석합니다. 또 "우리 사회를 지탱해 온 전통적인 가족문화의 붕괴, 급변하는 사회환경을 무리하게 따라가다가 뒤지게 될 때에 나타나는 상실감, 과정보다 결과를 중요시하는 목표지향 사회의 삭막한 인간관계가 우울증 등 자살의 여건을 충족시키고 있다."고 합니다. 그러나 어떤 경우라 할지라도 자살을 정당화할 수는 없습니다. 왜 자살을 합니까? 그 배경에는 무신론이 자리잡고 있기 때문입니다.

옥스포드와 캠브리지에서 가르친 C.S. 루이스 교수가 한번은 그의 비서를 데리고 학교 캠퍼스 근교의 무덤공원을 산책하고 있었습니다. 비서가 갑자기 C.S. 루이스 교수에게 한 무덤의 비문을 가리키며 말했습니다. "선생님, 이 비문을 보세요. 이 비문이 아주 흥미롭지 않습니까?" 루이스 교수가 봤더니 그 비문에 이렇게 적혀 있었습니다. "유언에 의하여 쓰여지다. 갈 곳을 모르는 무신론자가 여기에 누워 있다." 이 비서가 말하기를 "선생님 재미있지 않아요?" 이 때 C.S. 루이스는 매우 심각한 표정으로 이렇게 대답했습니다. "재미라니? 이제 그는 갈 곳을 알지 않았겠나? 그리고 너무 늦었지."

그렇습니다. 무신론자들은 하나님을 모릅니다. 자기가 어디서 왔으며 어디로 갈지를 모르는 어리석고 불쌍한 사람입니다. 그런데 문제는 이런 무신론자들이 너무도 많다는 사실입니다. 이런 사람들은 우리 주위에도 있습니다. 우리는 그들에게 하나님이 살아 계심을 보여주어야 하며, 그들에게 참된 피난처인 여호와의 피난처를 가르쳐 주고 안내해 주어야 합니다.

1. 무신론자는 어리석은 자입니다.

"어리석은 자는 그 마음에 이르기를 하나님이 없다 하도다 저희는 부패하고 소행이 가증하여 선을 행하는 자가 없도다"

(시편 14:1). 어리석은 자는 자기 마음을 향해서 하나님이 없다고 말합니다. 그들은 자기의 마음에 하나님은 없다고 스스로 설득합니다. 왜 자기 마음에게 설득합니까? 무신론자는 사실 자기의 마음과 싸우고 있는 것입니다. 지금 이 사람은 자기 마음 깊은 곳에서 "신은 존재할지 몰라. 하나님은 계실지 몰라." 하는 마음의 외침을 들으면서도, 그것을 부인하고 싶은 심정으로 "하나님은 없다. 하나님은 없다."고 소리를 친다고 볼 수 있습니다. 한 기독교 심리학자는 무신론자에 관해서 이렇게 표현했습니다. "무신론자는 하나님이 없다고 믿는 사람이 아니다. 자기 안에 각인된 하나님에 대한 의식과 더불어 그 의식을 지우기 위해서 일부러 싸우고 있는 사람이다. 하나님에 대한 의식이 있는데 그 의식을 없애 버리려고 싸우고 있는 사람이 사실은 무신론자이다."

우리 인간은 하나님의 존재를 부인해도 소용이 없습니다. 우리의 양심이 증거하기 때문입니다. 종교개혁자 요한 칼빈은 우리 인간의 마음속에서는 "종교의 씨앗이 있다."고 했습니다. 종교심은 아프리카나 남미의 정글 속에 있는 원주민들이나 대도시의 문화와 정보의 풍요 속에 살아가는 지식인들에 이르기까지 모든 인류 누구에게나 있습니다. 원주민들은 자기들의 풍속대로 신을 찾아 제사지내고, 신의 축복을 받으려고 모든 방법을 동원해서 자신들의 신을 찾습니다. 남부 아프리카에도 많은 종족들이 있습니다. 대표적으로 줄루족, 코사족,

수투족, 츠와나족 등 많은 부족들이 있는데 그들 나름대로 다 종교의식을 가지고 있습니다. 그들 나름대로 자신들의 신을 찾습니다.

대도시의 사람들도 마찬가지입니다. 우리나라에도 점바람이 이 땅을 몰아치고 있습니다. 유명 신문사의 문화센터 역술 강좌에는 주부들로 만원이고, 대학생들은 역술동호회에 많이 가입되어 있으며, 사주공간이니 하는 점 전문 까페를 체인점화 할 정도로 돈벌이가 잘되고 있습니다. 파스칼의 나라 프랑스에서는 해마다 「점술가 대회」를 개최하고, 카드점, 손금점, 투시점 등 온갖 점술들로 굿판을 벌이고 있습니다. 이런 점술의 행태는 이른바 대다수 크리스천이 집결해 있는 서울 한 가운데에서도 마찬가지입니다. 입시철이나 선거철 양대 호황기를 누리며, 크리스천의 의식 저변까지 침투해 들어오고 있는 형편입니다. 이것은 우리 인간은 본능적으로 하나님을 찾게 된다는 것을 보여줍니다.

성경은 말씀합니다. "어리석은 자는 그 마음에 이르기를 하나님이 없다 하도다"(시편 14:1). 하나님이 없다고 주장하는 사람, 소위 무신론자를 가리켜서 성경은 어리석다는 표현을 썼습니다. '어리석다'는 말은 히브리어로 'נבל'(나발)이라는 말입니다. '나발'이라는 말은 단순히 어리석다는 것뿐만 아니라 동시에 악하다는 뜻이 있습니다. 무신론은 단순히 어리석을 뿐만 아니라 그것은 죄악입니다. 그래서 이 무신론자에 대해서 '죄악을 행하는 자' (시편 14:4)로 표현하고 있습니다.

유명한 철학자 니이체는 "하나님은 죽었다. 신은 죽었다."는 선언을 했습니다. 그런데 그가 말년에 미쳐버렸습니다. 그가 광기 어린 그 미침 속에서 낙서장처럼 남겨진 메모지에는 이런 글이 남겨져 있습니다. "신이여! 당신은 살아있다. 나는 죽었다." 사실 니이체 그도 자기 안에 있는 신의식과 더불어 한 평생을 싸워왔던 불행한 철학자라고 말할 수 있습니다.

미국의 무신론자들 협회의 회장을 지내는 매들린 오헤어라는 사람이 있습니다. 이 사람은 미국 내 공립학교에서 기도를 하지 못하도록 「기도 금지 운동」을 했던 사람입니다. 미국 중서부의 어떤 도시에서 이것을 재판에 걸었다가 승소했습니다. 그는 패할 줄 알았는데 뜻밖에 승소하자 너무나 기쁜 나머지 법정에서 소리쳤습니다. "Oh, my God!" 이 무신론자가 말입니다. 그래서 그것이 미국의 신문에 화제가 되었습니다. 어떤 신문은 조크하기를 "무신론자가 하나님께 영광을 돌렸다."고 실었습니다.

어떤 무신론자가 그만 낭떠러지로 떨어졌습니다. 밑으로 굴러 떨어진 그는 가까스로 작은 나뭇가지를 붙잡았습니다. 위로는 저 멀리 하늘이요, 밑으로는 천 길이나 아득한 바위 사이에 매달리게 된 그는 자신이 그 가지를 붙잡고 그다지 오래

견디지 못할 것을 알았습니다. 그때 문득 어떤 생각이 떠올랐습니다. "하느님!" 하고 그는 온 힘을 다해 소리쳤습니다. 그러나 아무런 대답이 없었습니다. 그는 다시 외쳤습니다. "하느님! 당신이 존재하신다면 저를 구해 주십시오. 그러면 반드시 당신을 숭배할 것이며 다른 사람들에게도 믿음을 전할 것을 약속합니다." 얼마간의 침묵이 있은 후, 협곡을 가르며 문득 엄청나게 우렁찬 목소리가 쩌렁쩌렁 울렸습니다. 그는 너무나 놀라서 하마터면 그 가지를 놓칠 뻔했습니다. "곤경에 처하면 모두들 그런 소리들을 하지." "아녜요, 하느님. 그게 아녜요." 이제 그는 좀더 희망적인 소리로 외쳤습니다. "저는 다른 사람들 같지 않다고요. 보세요, 저는 직접 당신의 목소리를 들은 그 순간부터 이미 하느님의 존재를 믿기 시작한 걸 모르세요? 이제 저를 구해 주실 일만 남았습니다. 그러면 당신의 존재를 세상 끝까지 알리도록 하겠습니다." 그러자 그 목소리는 말했습니다. "널 구해 줄테니 그 가지를 놓아라." "가지를 놓으라고요?" 마음이 흔들린 그가 외쳤습니다. "제가 정신이 나간 줄 아세요?"

우리에게 무엇을 가르쳐 주는 이야기입니까? 인간이 아무리 하나님이 없다고 소리치며 마음속에서 하나님의 존재를 지우려고 해도 지울 수 없는 어떤 신의식이 우리의 마음속에 심어져 있다는 말입니다. 성경은 말씀합니다. "창세로부터 그의 보이지 아니하는 것들 곧 그의 영원하신 능력과 신성이 그 만드신 만물에 분명히 보여 알게 되나니 그러므로 저희가 핑계치 못할지니라"(로마서 1:20). 무슨 말씀입니까? 이것은 우리 안에 이 만물 속에 하나님을 증거해 주는 것들이 분명히 있다는 말입니다. 그러므로 "하나님을 모른다. 하나님이 없다."고 핑계하거나 변명할 수 없다는 말입니다. "이런 이들은 그 양심이 증거가 되어 그 생각들이 서로 혹은 송사하며 혹은 변명하여 그 마음에 새긴 율법의 행위를 나타내느니라"(로마서 2:15). 하나님 없이, 하나님을 모르고 살아가는 이방인들에게는 그들의 양심이 하나님의 율법을 나타냅니다. 사람은 누구나 양심을 가지고 있습니다.

그러면 양심이 하는 일이 무엇입니까? "하지 말아야 돼, 이건 안 하지…." 우리 마음속에 이런 양심이 하나님의 법입니다. 양심이라는 단어는 희랍어에서 본래 두 개의 단어가 결합한 것입니다. '누구누구와 더불어 안다.' 영어에도 'conscience'라고 하는데, 'con'은 '더불어 함께 안다', '하나님이 주신 것'이란 뜻입니다. 양심은 하나님과 더불어 아는 것입니다. 양심은 우리 마음속에 주신 하나님의 법입니다. 유명한 철학자 임마누엘 칸트는 이렇게 말했습니다. "저 하늘에는 무수히 별들이 반짝이고 내 마음에는 양심의 도덕률이 빛나고 있다."

성도 여러분, 모든 사람은 양심의 소리를 듣습니다. 우리 안에서 소리치는 것이 있습니다. 바로 하나님의 음성입니다. 하나님의 음성이 계속 들리는데도 무신론자들은 이런 양심의 증거를 거스릅니다. 하나님의 음성을 무시합니다. 그래서 그것을 잊으려고 "하나님은 없다."고 소리칩니다. 성경은 이 무신론자들을 어리석은 자들이라고 경고하면서 하나님을 부인하는 무신론을 죄악이라고 결론짓습니다. 양심의 소리를 거부하며 하나님의 음성을 무시하고, "하나님은 없다."고 소리치는 무신론자들은 죄인이 될 수밖에 없습니다.

2. 무신론자는 악을 행합니다.

"다 치우쳤으며 함께 더러운 자가 되고 선을 행하는 자가 없으니 하나도 없도다"(시편 14:3). 자기의 죄를 합리화시키는 죄입니다. 무신론자들은 하나님을 무시하고 부인함으로 용감하게 악을 행하고 죄를 짓습니다. 성경은 말씀합니다. "어리석은 자는 그 마음에 이르기를 하나님이 없다 하도다 저희는 부패하고 소행이 가증하여 선을 행하는 자가 없도다… 다 치우쳤으며 함께 더러운 자가 되고 선을 행하는 자가 없으니 하나도 없도다"(시편 14:1,3). 한마디로 선을 행하는 자는 하나도 없다는 말입니다. 사람은 모두 다 죄인입니다. 왜 무신론을 주장합니까? 사람들이 왜 하나님이 없다고 주장합니까? 그것은 자기 마음속에 있는 죄악을 은폐하기 위해서입니다. 사람들은 자기 마음속의 죄를 은폐하고 그 죄를 합리화시키기 위해 무신론을 주장합니다. 하나님이 없다면 무서울 것이 없습니다. 절대자인 하나님을 부인해 버리면 사람만 상대하면 되기 때문입니다. 절대자요 절대가치인 하나님이 없어졌으니 이제 사람과의 계약만 남게 됩니다. 이렇게 되면 자연스럽게 힘없고 연약한 자를 짓누르게 됩니다. 자기에게 싫은 소리를 하거나 동조하지 않는 자들을 핍박하게 됩니다.

그 대표적인 무신론자들이 공산주의자들입니다. 공산주의자들은 그들의 목적을 이루기 위해 수단과 방법을 가리지 않습니다. 무신론자인 공산주의자들은 힘과 폭력으로 정권을 탈취하면서, 하나님이 있다고 주장하는 기독교인들을 가장 많이 핍박합니다. 무신론자의 세계 속에서는 하나님의 백성이 어려움을 당할 수밖에 없습니다. 역사적으로 기독교인들은 공산주의자들에 의해 많은 핍박을 받았습니다. 구 소련, 중공, 북한 등 하나님이 없다고 믿는 무신론자들인 공산주의자들은 하나님이 계심을 믿고 살아가는 기독교인들을 철저하게 핍박했습니다. 수많은 악을 저질렀습니다.

성경은 말씀합니다. "죄악을 행하는 자는 다 무지하뇨 저희가 떡 먹듯이 내 백성을 먹으면서 여호와를 부르지 아니하는도다"(시편 14:4).

'저희가 떡 먹듯이 내 백성을 먹으면서'란 말은 악한 자들이 하나님의 백성들에게 떡 먹듯이 계속 반복하여 악을 행하며 핍박했다는 말입니다. 무신론자들에게 있어서는 하나님을 증거하고, 하나님과 더불어 사는 사람들이 곁에 있다는 것이 거추장스럽다는 말입니다. 그렇기 때문에 하나님의 백성을 핍박할 수밖에 없습니다.

바로 독일의 히틀러가 악을 행한 자입니다. 히틀러는 철학자 니이체에게서 가장 많은 영향을 받았습니다. 그는 니이체에게서 철학적인 감동을 받고 그것을 실천에 옮긴 정치가입니다. 하나님은 죽었다고 부인한 무신론 철학자에게서 감동을 받은 결과가 어떻게 나타났습니까? 그는 600만 명의 유대인을 무참하게 학살했습니다. 유대인뿐만 아니라 소수의 히틀러 정권에 아부했던 기독교인들을 제외한 수많은 크리스천들도 히틀러의 지배아래서 죽어갔습니다. 그래서 예외 없이 무신론이 성행하는 곳에서는 기독교의 가치가 저하되고, 기독교인들이 핍박을 받는 사례가 나타날 수밖에 없었습니다. 로마의 무신론 황제들이 얼마나 많은 기독교인들을 핍박하며 살해했습니까? 무신론 독재자들과 힘있는 자들이 기독교인들을 핍박했습니다.

무신론자들은 죄 짓는 일을 서슴지 않고 자행합니다. 무신론자들은 자연스럽게 낙태운동, 낙태 지지운동에 앞장서고 있습니다. 생명살상 운동에 앞장을 서고 있습니다. 그 뿐만 아니라 무신론자들은 하나님을 부인함으로 불의한 짓을 행하고, 부정과 불륜을 범하는 일에도 양심의 가책도 없이 합니다. 무신론자들은 세상의 쾌락을 즐깁니다. 술, 파티, 도박, 음란한 짓들을 행합니다. 한마디로 무신론자들은 하나님이 미워하시는 모든 종류의 죄를 다 범합니다.

러시아의 작가인 도스토예프스키가 남긴 유명한 말이 있습니다. "만약 신이 존재하지 않는다면, 하나님이 존재하지 않는다면 사람은 무슨 일이라도 할 수 있다." 이 얼마나 무서운 말입니까? 하나님이 존재하지 않는다면 사람은 무슨 일이라도 할 수 있습니다. 이것은 세상에서 가장 무서운 말입니다. 하나님이 계신다는 것을 아는 사람이 감히 무서운 죄를 범할 수 없습니다. 그러나 하나님이 없다고 믿고 외치는 무신론자들은 모든 질서와 가치를 부정하고 무서운 죄악을 범하고 맙니다.

3. 그러나 무신론자는 두려움 속에서 삽니다.

"저희가 거기서 두려워하고 두려워하였으니 하나님이 의인의 세대에 계심이로다"(시편 14:5). 창세기에 보면, 첫 사람 아담과 하와가 범죄 했을 때 그는 숲 속에 숨어버렸습니다. 하나님이 아담을 찾아와서 "아담아, 아담아, 네가 어디에 있느냐?" 하고 물으시자 아담이 무엇이라고 대답했습니까? "내가 두려워하여 숨었나이다." 바로 두려움이 그가 숨게 된 동기입니다. 무신론자들은 죄를 짓고도 태연하게 행동하나 실상은 두려운 것입니다.

현대 무신론의 원조 역할을 했던 철학자는 포이에르 바하라, 무신론 심리학자는 프로이드라고 말할 수 있습니다. 그런데 이 두 사람이 같은 주장을 했습니다. "왜 종교가 생긴 줄 아느냐? 사람들의 마음의 두려움 때문이다. 그 두려움에서 위로 받고 싶어서 사람들이 자기를 보호할 수 있는 신을 만들어 낸 것이다." 신이 인간을 만든 것이 아니라 사람이 신을 만들었다는 것입니다. 사람들이 마음속에 원하는 생각, "아! 신이 있으면 좋겠다. 그래야 보호를 받는다."는 이 생각이 신을 만들어 냈다는 것입니다. 여기에 현대의 수많은 지성인들이 매료되어 무신론자가 되었습니다. 한마디로 신이 있으면 좋겠다는 마음속에 원하는 생각이 신을 만들어 놓은 것입니다. 그리고 그 밑바탕에는 두려움이 있다는 말입니다.

그러나 우리는 이러한 논고에 대한 정반대의 반증을 할 수 있습니다. 죄인들은 자연히 자기들이 범한 죄나 악 때문에 심판을 두려워할 수밖에 없습니다. 따라서 죄인들에게는 제일 거추장스러운 것이 신이 있다는 것입니다. 그래서 "신이 없으면 좋겠다. 하나님이 없으면 좋겠다."는 바람 때문에 무신론이 생긴 것입니다. 결국 무신론도 인간의 두려움 때문에 생긴 것입니다. 무신론자들도 자기 속에 있는 양심을 속일 수는 없습니다. 죄를 지으면 솔직히 두려움이 앞섭니다. 하나님이 계신다면 자기들의 행동이 심판 받을 것이 두려워 이 두려움에서 탈출하기 위해 하나님은 없다고 소리치는 것입니다. 무신론자들은 결국 그 심판에 대한 두려움 속에서 무신론이라는 이론을 만들고, 그 이론의 체계 속으로 도피하는 것입니다. 그래서 한 신학자는 무신론을 가리켜 "죄인들의 자기 방어술", 혹은 "죄인의 변장술"이라고 말합니다. 그것은 무책임한 것입니다. 자기의 죄로부터 도피하기 위해서 무신론의 영역 속으로 들어가는 것입니다.

오늘 본문 시편 14:5을 봅시다. "저희가 거기서 두려워하고 두려워하였으니 하나님이 의인의 세대에 계심이로다" 왜 두려워합니까? 더 근본적인 두려움은 하나님이 계시기 때문에 두려워하는 것이라고 성경은 말씀합니다. 하나님이 계시면 두려워하되 회개하면 됩니다. 그런데 사람들은 두렵다고 그 두려움을 덮어버리고 합리화하기 위해서, 무신론을 만들어, 그 안으로 도피해 버립니다. 그래서 무신론자들은 한번 죄를 지으면 계속 짓게 됩니다. 죄악의 소굴에 한번 빠지면 계속 빠져들어 갑니다. 결국 깊은 수렁 속으로 들어가고 맙니다.

프랑스의 무신론 철학자이자 계몽주의 철학자인 볼테르는 "기독교가 생겨나기까지 수 백년이 걸렸지만 이제 프랑스의 한 사람이 50년 안에 기독교를 다 파괴해 없애버리는 것을 보여주겠다."고 장담했고, "1백년 안에 성경은 다 없어지고 만다."고 큰소리를 쳤습니다. 그러나 어느 날, 이 사람에게도 죽음의 날이 다가 왔습니다. 그는 "나는 멸망으로 들어간다."고 하며 숨을 거두었습니다. 유명한 무신론자 프란시스 뉴턴도 임종할 때에 "나는 영원히 정죄 받았구나! 하나님이 나의 원수가 되었으니 누가 나를 구원하리요? 아! 지옥과 저주의 견딜 수 없는 고통을 나는 받게 되었노라!"고 했습니다.

4. 그러면 우리는 무신론자에게 어떻게 해야 합니까?

우리는 그들을 구원해 내야 합니다. 어떻게 무신론자로부터 해방될 수 있습니까? "너희가 가난한 자의 경영을 부끄럽게 하나 오직 여호와는 그 피난처가 되시도다"(시편 14:6). 어떻게 무신론의 죄악을 극복할 수 있습니까? 그 대답은 간단합니다. 하나님께로 돌아오면 됩니다. 하나님은 모든 자의 피난처가 되십니다. 성도들의 피난처가 되시고 죄인들의 피난처도 되십니다. 그리고 무신론자들이 가지고 있는 모든 두려움에서 피할 피난처도 되십니다. 무신론자들이 궁극적으로 자유와 해방을 얻을 곳은 여호와의 피난처뿐입니다.

성경에 보면, 하나님은 이스라엘 나라 안에 도피성을 만들어 주셨습니다. 죄를 지은 사람이 피의 복수를 하려는 사람으로부터 도망하여 피하는 장소, 곧 보호를 받는 도성입니다. 도피성은 곧 '피난처'를 말합니다. 우리나라 역사에도 고대 삼한시대에 「소도」솟대라고 하는 도피성이 있었습니다. 아무리 흉악한 죄를 범한 자라도 제사장, 즉 천군이 거하는 솟대에 도망가서 그곳에 머무르는 한 어느 누구도 그를 벌할 수가 없었습니다. 이와 같이 도피성은 죽을 수밖에 없는 죄인이 은혜로 머무르며 구원받는 곳입니다. "사람을 죽인 자는 사형에 처한다."는 것은 고대 사회의 법입니다. 그리고 하나님의 정의로운 통치를 위해서는 죄인은 그 죄 값을 치를 수밖에 없었습니다. 그러나 하나님은 죄인들을 위해 도피성을 만들어 주셨습니다. 부지 중에 실수로 죄를 지은 사람이 죽음의 징벌을 피할 수 있는 장소가 바로 도피성입니다. 살인한 자는 하나님의 정의로운 통치를 위해 반드시 그 죄 값을 치러야만 합니다. "사람을 쳐죽인 자는 반드시 죽일 것이나 만일 사람이 계획함이 아니라 나 하나님이 사람을 그 손에 붙임이면 내가 위하여 한 곳을 정하리니 그 사람이 그리로 도망할 것이며 사람이 그 이웃을 짐짓 모살하였으면 너는 그를 내 단에서라도 잡아내려 죽일지니라"(출애굽기 21:12-14). 살인죄를 범했다면 그도 마땅히 죽어야 하지만 일단 제단으로 피할 수 있었습니다. 그러나 사전에 계획하고 살인했다면 제단에서도 끌어내어 처형 받아야 합니다. 그러나 고의가 아니라 실수로 사람을 죽게 했다면 이 사람은 보호되어야 합니다. 사람을 죽인 자는 복수를 당하게 되는데 이 복수를 담당하는 자를 '피의 보수자'라고 합니다. 피의 보수자가 쫓아오기 때문에 일단 피하기 위해 하나님은 도피성을 만들어 주셨습니다. 그러므로 하나님께서 모세에게 도피성을 만들 것을 지시하셨습니다(신명기 19장). 이 도피성은 이스라엘 지도를 참조해 보면 이스라엘 전역 어디에서든지 32km 이내에 위치하고 있습니다. 그래서 부득이 도피성으로 피해야 할 경우 하룻길 이내에 도착할 수 있는 거리에 위치해 있었습니다. 그뿐 아니라 그 성을 향한 도로의 폭은 14m 이상이 되도록 넓게 잘 닦아 놓았으며, 또 길을 잃지 않도록 미클라트(도피성)라는 안내판도 곳곳에 설치해 놓았습니다.

그러나 이 도피성에도 운영의 원칙이 있습니다. 첫째, 살인자가 과실로 죄를 지었다는 것에 대한 판결을 받아야 합니다. 도피성에 들어가 숨는다 하더라도 자신이 의도적으로 살인하지 않았음에 대한 판결을 받아야 합니다. 살인에 대한 도구가 있거나 계획적인 살인을 했다면 구제 받을 길이 없습니다. 그러나 과실로 살인한 자는 도피성에서 얼마든지 생활할 수 있는 조건을 제공받게 됩니다. 둘째, 반드시 도피성으로 스스로 피해야 합니다. 살인자는 도피성 안에 있을 때에만 보호받을 수 있습니다. 피하는 도중에 보복을 당한다거나, 도피성에서만 생활하는 것이 지루하다 하여 밖으로 나왔다가 죽임을 당하는 일은 도피성에 대한 규정에 따라 보호받을 수 없습니다. 본인 스스로 무죄하고, 또 억울한 누명을 썼다고 생각할지라도 도피성으로 도피하지 않으면 안됩니다. 눈은 눈으로, 이는 이로 갚도록 하는 보수(報酬)의 원칙에 따라 피해자의 가족들에게 내어준바 되어 죽임을 당하는 것으로 죄 값을 치르게 됩니다. 셋째, 대제사장이 죽으면 자연히 도피성에 피해 있던 자들에게 사면령이 내려집니다. 대제사장이 죽음으로 사면령이 내려지면 보수자가 살인자를 만나도 보수의 원칙에 따라 피를 흘리게 할 수 없습니다(민수기 35:27,28). 대제사장의 죽음으로 은혜가 내려집니다. 이 도피성에 피하는 자는 구원을 얻게 됩니다. 이 도피성은 죄인을 구원하시려는 하나님의 뜻이 나타나 있는 곳으로, 오늘날 예수 그리스도를 예표합니다. 이 도피성은 은혜의 장소입니다. 이 도피성은 장차 오실 예수 그리스도의 그림자요 상징이기 때문입니다.

성도 여러분, 누구든지 예수 그리스도의 십자가 아래에서는 우리의 과실에 대한 보수를 사면 받을 수 있습니다. 누구든지 예수 그리스도께로 나오기만 하면 대제사장인 예수님의 죽으심으로 우리에게 자유가 주어질 것입니다. 주님이 우리의 피난처인 줄 믿습니다. 예수 안에 들어오면 그 안에 자유가 있고 용서가 있고 구원이 있습니다.

두 가지 도망가는 방법이 있습니다. 사람들이 죄를 범했을 때 그 죄를 가지고 무신론이라는 이론 속으로 도망가서 하나님은 없다고 생각하며 살아가는 방법이 있습니다. 다른 하나는 죄를 범했을 때 스스로 죄를 인정하고 하나님이 예비하신 도피성, 즉 예수 그리스도 안에 들어와 용서와 구원을 체험하는 방법이 있습니다. 여러분은 어떤 선택을 하시겠습니까? 우리가 하나님을 거절하고, 예수를 거절하고, 구원을 거절할 때 이 사람은 결국 하나님의 심판과 하나님의 영원한 진노를 피할 수 없습니다. 그러므로 우리는 무신론으로 도망가지 말고 하나님께로 피해야 합니다. 성경은 말씀합니다. "하나님은 우리의 피난처시요 힘이시니 환난 중에 만날 큰 도움이시라"(시편 46:1).

미국에 아주 의협심이 강한 한 젊은 변호사가 있었는데, 이 변호사는 특별히 미성년자들을 돕는 변호사였습니다. 이 분은 범죄한 미성년자들에게 무료로 많은 변론을 해주었습니다. 그는 특별히 한 소년을 열심히 도왔습니다. 그런데 이 소년을 석방시켰는데 재범해서 다시 들어왔습니다. 또 무료 변론을 해주었습니다. 그리고 올바르게 살도록 타이르고 설득했습니다. 그 젊은이는 또다시 들어왔습니다. 세 번씩이나 무료 변론을 통해서 그 젊은이를 도왔습니다. 그리고 세월이 흘러 이 변호사는 판사가 되었습니다.

그러던 어느 날, 자기가 도왔던 그 젊은이가 또 들어왔습니다. 이 젊은이는 자기를 도와준 변호사가 판사가 된 것을 보고 얼마나 반가웠겠습니까? 그런데 이번에는 살인죄로 사형에 합당한 죄목을 짊어지고 있었습니다. 그래서 자기가 잘 아는 이 판사에게 호소를 합니다. "판사님, 한번만 더 옛날처럼 저에게 기회를 주십시오." 이때 판사가 무엇이라고 말을 했겠습니까? "형제여, 내가 변호사였을 때 나는 당신을 돕고자 했습니다. 그리고 당신을 도왔습니다. 그러나 당신은 나의 충고를 거절했습니다. 또 범죄하고 또 범죄했습니다. 오늘 나는 당신을 변호사로 만나는 것이 아니라 판사로서 당신을 만나고 있습니다. 지금 나에게 필요한 것은 공정한 판결뿐입니다. 당신은 사형이요."

성도 여러분, 예수님만이 우리의 유일한 피난처가 되십니다. 예수님은 우리를 구원하기 위해 십자가에서 피를 흘려주시고 자신의 생명까지 다 주셨습니다. 그러므로 우리가 예수님 안에 있으면, 예수님은 변호사의 자격으로 우리를 만나주십니다. 예수님은 우리를 변호해 주시고, 우리를 용서해 주시고, 우리를 구원해 주시고, 우리를 새롭게 해 주시는 하나님이십니다. 우리가 어떤 죄를 지었더라도 비록 하나님을 모른다고 소리치는 죄악을 범했다하더라도, 예수님 앞으로, 오직 여호와의 피난처로 오기만 하면 됩니다. 우리는 모든 죄를 용서받고 모든 두려움을 극복할 수 있습니다. 그러나 우리가 예수 그리스도를 거절한다면, 어느 날 우리는 그 그리스도를 심판의 주님으로 만나게 될 것입니다. 그 때에는 구원의 희망이 없습니다. 그러나 아직은 우리에게 길이 열려 있습니다.

성도 여러분, 지금은 구원의 시간입니다. 지금은 은혜의 때입니다. 지금은 우리에게 구원의 문이 열려 있습니다. 이제 우리가 해야 할 일이 있습니다. 우리 주위에는 무신론자들이 많습니다. 하나님은 없다고 소리치는 어리석은 무신론자들을 여호와의 피난처로 인도해야 합니다. 우리가 구원으로 인도해 주어야 합니다. 그들이 여호와의 피난처 안에 들어와 그분 앞에 엎드려 예수 그리스도를 영접하고, 자신의 죄를 회개하고 주님을 영접한다면 그에게 완전히 새로운 삶이 시작될 것입니다. 그러나 그 하나님을 거절하는 자에게는 기회는 사라지고 심판자로서의 그분 앞에 서게 될 날이 있을 것입니다.

성도 여러분, 이제 우리가 움직여야 합니다. 우리 주위에 있는 수많은 무신론자들, 하나님이 없다며 마음놓고 범죄하고, 다가올 심판을 모르는 불쌍한 영혼들을 바라봅시다. 그리고 그 영혼들을 불쌍히 여깁시다. 우리 가슴에 그 영혼을 담고 기도해야 합니다. 여호와의 피난처로 인도해야 합니다. 이것이 전도이며 선교입니다.

성도 여러분, 아직은 시간이 있습니다. 우리에게 그들을 주님 앞으로 인도할 희망의 시간이 있습니다. 그때가 바로 지금입니다. 아직 문이 열려 있을 때 그들을 도피성 안으로 우리와 함께 뛰어 들어가게 해야 합니다. 무신론자에게 여호와의 피난처를 안내해 주어야 합니다. 이것이 주님의 소원이요, 우리가 마땅히 해야 할 일입니다. 아멘.

그리스도인의 인격

■
초판 1쇄 인쇄 / 2004년 4월 26일
초판 1쇄 발행 / 2004년 4월 30일

■
지은이 / 배 굉 호
펴낸이 / 김 수 관
펴낸곳 / 도서출판 영문
122-070 서울시 은평구 역촌동 10-82
☎ (02) 357-8585
FAX • (02) 382-4411
E-mail • kskym49@yahoo.co.kr

■
출판등록번호 / 제 03-01016호
출판등록일 / 1997. 7. 24

파본은 교환해 드립니다.
본 출판물은 저작권법으로 보호받는
저작물이므로 출판사나 저자의 허락없이
무단 전재나 무단 복제를 할 수 없습니다.

정가 8,000원
ISBN 89-8487-138-9   03230
Printed in Korea